感谢暨南大学华文教育研究院提供出版经费

语言服务书系·华文与华语教育

东南亚华文媒体
用字用语研究

刘华 著

暨南大学出版社
JINAN UNIVERSITY PRESS

中国·广州

图书在版编目（CIP）数据

东南亚华文媒体用字用语研究/刘华著. —广州：暨南大学出版社，2015.9
ISBN 978 - 7 - 5668 - 1328 - 2

Ⅰ.①东…　Ⅱ.①刘…　Ⅲ.①汉语—语言学—研究—东南亚　Ⅳ.①H1

中国版本图书馆 CIP 数据核字（2015）第 019136 号

··

东南亚华文媒体用字用语研究
著　　者　刘　华

出 版 人　徐义雄
策划编辑　杜小陆　刘　晶
责任编辑　杜小陆
责任校对　黄　斯
出版发行　暨南大学出版社（广州暨南大学　邮编：510630）
网　　址　http：//www. jnupress. com　http：//press. jnu. edu. cn
电　　话　总编室（8620）85221601
　　　　　营销部（8620）85225284　85228291　85228292（邮购）
排　　版　广州良弓广告有限公司
印　　刷　佛山市浩文彩色印刷有限公司
开　　本　787mm×960mm　1/16
印　　张　14
字　　数　273 千
版　　次　2015 年 9 月第 1 版
印　　次　2015 年 9 月第 1 次
定　　价　35.80 元

前　言

国家语言资源监测与研究中心"海外华语研究中心"（教育部语言文字信息管理司与暨南大学共建）自 2005 年成立以来，一直致力于构建"海外华语语料库"。在此语料库基础上，中心进行了一系列海外华语方面的研究，本书就是成果之一。

首先要感谢教育部语言文字信息管理司、国家语言资源监测与研究中心的大力支持。李宇明教授、王铁琨教授一直关注"海外华语研究中心"的发展和成长，对作者个人也是关怀备至，感谢他们对中心、对本人学术成长的指导和支持。

感谢商务印书馆的魏励老师、蔡长虹博士、刘建梅博士，他们对本书的内容提出了很多建设性的建议。

感谢国家语言资源监测与研究中心平面媒体语言分中心的张普教授与杨尔弘教授、国家语言资源监测与研究中心有声媒体语言分中心的侯敏教授、国家语言资源监测与研究中心教育教材语言分中心的苏新春教授与郑泽之教授、国家语言资源监测与研究中心网络媒体分中心的何婷婷教授、国家语言资源监测与研究中心少数民族语言分中心的赵小兵教授，和他们一起研究讨论的日子里，他们教给我很多知识，让我这个晚辈收获良多。

感谢暨南大学华文学院院长、"海外华语研究中心"主任郭熙教授，感谢他为我们这些年轻人搭建了一个很好的学术平台，感谢他在生活上、学术上对我的关心和支持。同时，感谢"暨南大学华文教育研究院"为本研究提供经费资助。

最后，我要特别感谢一直以来默默关爱和支持我的亲人和朋友，是你们无私的爱陪我走到今天，谢谢你们！

本书基于大规模语料库，利用计量方法，对海外华语字词进行统计研究，希望能为读者提供语料库计量研究方法和海外华语字词使用数据方面的参考。

本书部分成果曾发表于国家语言资源监测与研究中心编的《中国语言生活状况报告 2008》（下编）（商务印书馆，2009 年）、教育部语言文字信息管理司组编的《中国语言生活状况报告 2011》（光盘版）（商务印书馆，2011 年）。本次出版对其重新做了修订。

语料的例句检索和字词检索参见网址：http：//www. globalhuayu. com。
欢迎大家提出宝贵意见。

刘 华

于暨南大学华文学院

2014 年 10 月 10 日

目　录

第一章 绪 论

本章主要回顾了华语、海外华语及海外华语传播的研究现状，综述了海外华语的研究成果，特别总结了海外华语在词汇方面的研究。

第一节 华语与华语传播

一、华语、海外华语

关于"华语"一词的定义，历来争议颇多。20 世纪 80 年代以来，陆续出现了"华人的共同语"（陈重瑜，1986）、"汉语在海外的通称"（田惠刚，1994）、"全世界华人的共同语"（周有光，1995）等多个内涵和外延各不相同的定义。关于"华语"的定义问题，郭熙（2004）已有较全面、充分的论述，本书不再赘述。本书中的"华语"采用郭熙的定义：华语是以现代汉语普通话为标准和核心的华人共同语（郭熙，2006）。同时，本书所研究的"海外华语"的应用范围限于海外各个国家的华人社会，不包括港澳台地区。

二、海外华语传播与现状

20 世纪 80 年代以来，随着中国综合国力和国际地位的不断提升，国际上兴起了一股持续性的"汉语热"。据有关部门公布的数据，截至 2005 年，世界上通过各种方式学习汉语的人数超过 3 000 万，而这一数字仍在不断上升。其中，绝大多数的学习者是华人。[①] 在积极开展对外汉语教学、进行汉语国际推广的同时，我们认为应当对海外华语的生存状况进行系统性研究，以推动汉语的传播、文化的传承以及相关部门政策的制定。

海外华语的使用环境相对于大陆而言要复杂得多。一方面，海外华语始终与闽、粤以及客家等汉语方言共存，如很多海外华语学校使用粤方言等方言进行教学，而且在华语使用过程中，繁简字并用、注音不规范等现象长期存在；另一方

---

① "中国语言生活状况报告"课题组．中国语言生活状况报告 2005（上编）［M］．北京：商务印书馆，2006.

面，海外华语处于多语环境的包围之中，与其他语言的互相影响和融合在所难免，因而在语音、词汇、语法等多个方面都呈现出与标准的汉语共同语不同的面貌。① 例如，在语音上，声、韵、调都与中国大陆的标准普通话有所不同，有入声而无轻声和儿化；语法上，存在类似于闽方言和粤方言的"V + Adv"、"有 + V"、"V + O + 一下"等句式；词汇上，除一些表达海外华人社会特有概念的词语外，还有许多词语与普通话名称相异而意义相同或相近，例如，马来西亚华语中的"卫生所"指殡仪馆、"饭盒"指盒饭，新加坡华语中"两造"指双方、"灵犬"指警犬等。② 其中，尤以词汇方面的分歧最大，借词的现象最为突出。这些方面的差异不仅给华语学习者在学习过程中造成了许多困难和障碍，同时在海外华语和汉语标准语之间形成了理解上的差异和分歧。这些差异和分歧不仅仅体现在汉语学习和教学上，在更深层次的意义上这些差异和不协调也直接影响到汉语的国际推广和我国相关部门语言政策的制定。因此这个问题值得我们重视和认真研究。

第二节　海外华语研究现状

东南亚华语及华语文教育的研究尚处于起步阶段。国内主要集中在暨南大学、华侨大学和海外华语研究中心（教育部语言文字信息管理司与暨南大学共建，2005 年成立），海外主要以华语桥为基地，聚集了一批华语及华语文教育研究的学者。

目前，东南亚华语的研究主要集中在以下几个方面：华语的界定、性质研究（张从兴，2003；郭熙，2004、2006；陆俭明，2005），华语语言特点研究（陆俭明，1996；周清海，2000；徐杰，2004），华语区域词语、特色词语及变异研究（周清海，2002；曾晓舸，2004；汤志祥，2005；刘文辉，2006），华语和现代汉语对比研究（周烈婷，1999；邢福义，2005；贾益民，2005），华语规划与华语规范研究（谢世涯，2000；林万菁，2001；郭熙，2002、2006），华语推广与华语文教学研究（郭熙，2007）。其中华语研究的地域来源主要是新加坡、马来西亚、泰国和印度尼西亚等地。

字词是语言研究的基础，字词表更是语言教学的根基。东南亚华语字词的研究主要集中在"社区词"、"词源与词语对比"和"字词使用规范"三大块，如港澳社区词研究、新加坡社区词研究、词语探源、华语与汉语的词语对比、华语

---

① 郭熙. 华文教学概论［M］. 北京：商务印书馆，2007.
② 郭熙. 域内外汉语协调问题刍议［J］. 语言文字应用，2002（3）.

的规范与协调等等。其中，由李宇明主编，众多海内外华语研究学者联合编撰的《全球华语词典》是其中的代表作。

针对海外华语同现代汉语标准语的分歧和差异问题，目前已有一些研究，例如陈松岑（1996）、李如龙（1996）、邹嘉彦（1996）、陆俭明（1996）、郭熙（2000）、汪惠迪（1999）等学者的研究。但总体来说，研究还不够全面、深入，缺乏系统性。主要问题在于缺乏关于海外华语分布和特点的第一手详细调查资料，对于现状的描写多偏重理论分析，所用语料大多来自作者自身的体验和总结，多从经验出发，比较单薄。由于缺乏大规模语料的支撑，对于海外华语的描述和研究还远不够充分与科学。

总的来说，东南亚华语词语的研究集中于对个别字词的探源，或是对某个海外社区的字词描写，或是华语独有词语的研究，尚未见到概括整个东南亚华语字词的研究。另外，在方法上大多是卡片式、个案式的专家经验式研究，尚未进行基于大规模真实语料库的计量研究。

面对这种研究窘境，建设一个大规模的语料库以满足研究需求就显得迫在眉睫。由于口语语料的收集和转写较困难，基于目前的研究条件和手段，书面语料是一种较合适的研究对象。而最能鲜活、动态地反映语言面貌的莫过于媒体语料。同时，媒体语料也能在一定程度上反映书面语和口语两种语体的面貌。因此，研究海外华语可以从研究海外华语媒体语料入手。在新媒体日益兴起的今天，网络成为我们最容易接触到、最具活力和影响力的媒体。网络媒体较传统媒体而言，信息量更大，语料更易获取，同时网络媒体的互动性确保了使用者语言面貌的真实性。因此，我们选择海外华语网络媒体（含报纸网络版）语料作为本书的研究对象。

第二章　语料介绍、方法说明与术语说明

本章具体介绍东南亚华语语料库的总体情况，对全书涉及字词描写的术语进行说明。

第一节　语料介绍

为了跟踪研究海外华语的使用情况，海外华语研究中心从 2005 年开始建设海外华语语料库。2009 年，海外华语研究中心对东南亚华语语料库进行了用字用语的调查研究。

东南亚华文媒体较多，由于我们在语料获取上受到技术限制，加上其他因素的影响，有的华文媒体的语料无法获得。本次媒体的选择主要考虑了语料的可获取性、媒体影响程度和信息量三个因素。

本次调查的语料仅限于较有代表性的新加坡、马来西亚、泰国的主要华文媒体的语料（下文统称为"华文语料"）。语料时间跨度为 2005 年到 2008 年，均来自于网络，我们对其做了去除 HTML 标签信息和广告信息的处理，抽取了网页正文、标题、发表时间等信息。总文本数①为 296 355。

下面是语料的具体信息（括号里为文本数）：

新加坡：亚洲新闻网（61 197）、新动网（26 228）、《联合早报》（63 697）；

马来西亚：马新社中文网（29 964）、《光华日报》电子新闻（63 346）、独立新闻在线（8 474）；

泰国：《世界日报》（43 449）。

为了更好地研究华语的特点，我们同时进行了华文语料与中国国家语言资源监测语料库语料（下文统称为"监测语料"）的比较调查。监测语料来自国家语言资源监测与研究中心平面媒体语言分中心和网络媒体分中心 2005 年到 2008 年的语料②，共 4 474 675 个文本文件，3 709 908 405 字次③（不含部

---

① 所有文本文档的数量。

② 详细情况请参看：国家语言资源监测与研究中心. 中国语言生活状况报告 2008（下编）［M］. 北京：商务印书馆，2009.

③ 调查语料中汉字出现的次数。

件），2 145 386 164词次①。

第二节 方法说明

本次的调查对象包括华文语料的汉字和词语，调查时以中国大陆汉语字词使用规范为参照。调查项目主要包括频次、频率、文本数、使用率、覆盖率等，并和监测语料进行了共用、独用、频序比的对比分析，还将华文语料的汉字统计结果和《现代汉语常用字表》、《现代汉语通用字表》进行了比较分析。

同时，进行了华文语料特色词语的调查研究，形成了《华文语料特色词语表》，并列举词语的提示性释义、例句、频次和出现文本数，以及进行了华文语料字母词的调查，形成了《华文语料字母词表》。

第三节 术语说明②

一、频次、频率、文本数

1. 频次

频次指的是调查对象在调查语料中出现的次数。如在华文语料中，汉字"的"总共出现了 5 028 063 次，其频次即为 5 028 063。频次是语料库语言学中描写字词统计量最基本的参数，也是其他统计量，如频率、覆盖率等计算的基础。

2. 频率

频率指的是某一调查对象的频次与整个语料所含调查对象总频次的比值。如在华文语料中，所有汉字的总频次为 161 728 981，汉字"的"的频次为 5 028 063，其频率即为 5 028 063/161 728 981 = 0. 03 11 （3. 11%）。频率反映的是字词在语料中的基本分布情况。

3. 文本数

文本数指调查语料中某一调查对象出现的文本或文档的个数。如在华文语料

---

① 调查语料中词语出现的次数。
② 本节主要参考了《语言资源监测与研究相关术语》，见：国家语言资源监测与研究中心. 中国语言生活状况报告 2009 （下编）［M］. 北京：商务印书馆，2010.

中，汉字"的"总共在278 204个文本文件中出现过，其文本数即为278 204。文本数是对频次的补充，是反映字词使用范围，即文本分布的重要参数。有时候，频次较高的字词，如果其文本数较少，则说明其在文本中出现得相对集中，其真实的使用率相对低一些。

二、累加频率、覆盖率、使用率

1. 累加频率

累加频率指的是调查对象按频率排列，依次相加所得到的值。频率一般按降序排列。如某统计中将汉字按频率降序排列，前三位分别为："的"，频率3%；"是"，频率2.9%；"大"，频率2.7%，那么，截止到"大"字的累加频率即为3%＋2.9%＋2.7%＝8.6%。

2. 覆盖率

覆盖率指的是调查语料内指定调查对象数量占所有调查对象总量的百分比。如《中国语言生活状况报告2005》（下编）将汉语常用词语按照频次降序排列，前4 179条词语占了总调查语料9亿字的80%，那么这前4 179条词语的覆盖率就是80%。

3. 使用率

使用率指的是某一调查对象分布率和使用频率的综合计算值。使用率越高，分布越均匀，使用率与频次也就越接近。否则反之。计算公式如下：

$$D_i = t_i/T;\ U_i = F_i \times D_i$$

其中，D_i是i号字的分布率，t_i为i号字的出现文本数，T为所有语料的文本总数；U_i为i号字的使用率，F_i为i号字的频率。

为了使得所有字的使用率总数为1，进行了归一化：

$$U_i = F_i \times D_i / \sum_{j \in V} (F_j \times D_j)$$

其中，F_i为i号字的频次，分母为归一化项，V表示所有字种。

三、频序、频序比

1. 频序

频序指的是某一调查对象在不同语料中按频次、频级或频差排列的顺序。如"大"字，在华文语料按频次由高到低排列的字表中，顺序为3，则其频序即为

3。本书中，频序指的是按频次排出的顺序。

2. 频序比

频序比指的是某一调查对象在不同语料中按频次排列的位序的比值。即将所有调查对象按频次从高到低排列，用调查表中某调查对象的位序值除以参照表中相同调查对象的位序值，得到的就是该调查对象的"频序比值"，即"频序比"。

在进行华文语料和监测语料的对比研究时，将考察范围内的汉字的频序比从低到高排列，可以得到华文语料中出现频序相对于监测语料相差较大的汉字，这在一定程度上反映了华文语料用字的特点。

例如，"坡"字在华文语料按频率由高到低排列的字表中，顺序为 223，其频序即为 223；在监测语料中，"坡"字频序为 1 416。因此，"坡"的频序比值即为 223/1 416 = 0.16。将华文语料和监测语料中共同使用的汉字进行频序比值的计算，最后将计算结果从低到高排列，前 100 个汉字如下：

党 坡 政 马 湾 国 府 选 台 吉 扁 泰 席 拉 美 民 及
议 令 表 阿 示 统 指 亚 他 伊 巴 隆 朝 警 陆 督 岸
贪 宪 印 吁 阵 官 早 哈 总 鲜 日 阁 须 加 署 玛 港
媒 曼 举 威 论 禽 说 华 恐 陈 怖 票 会 捕 将 独 长
谈 括 联 透 反 述 否 言 必 宗 洲 宣 立 尼 局 沙 谷
希 讨 达 盟 兹 该 贸 因 至 军 露 炸 报 若 新

四、字种、字种数、词种、词种数

1. 字种

调查语料中不重复的汉字。在中文信息处理中，相同字形的一般计算为一个字种。如"长短"的"长"和"首长"的"长"为一个字种。

2. 字种数

调查语料中不重复的汉字个数。如《中国语言生活状况报告 2005》（下编）调查的所有语料中字种数为 8 128 个。

3. 词种

调查语料中不重复的词。在中文信息处理中，目前仍暂按词的书写形式来区分词语，即相同词形的一般计算为一个词种。如表"进入水中"义的"下水"和表"食用的动物内脏"义的"下水"在统计中为一个词种。

4. 词种数

调查范围内不重复的词语个数。如《中国语言生活状况报告 2005》（下编）的用字用词调查中词种数为 1 651 749 个。

五、共用、独用

1. 共用

某一调查对象在全部调查范围内皆有使用。如当覆盖率达到 90% 时，华文语料中的异体字共 45 个，监测语料中的异体字共 39 个，二者共用的异体字为 12 个。

2. 独用

某一调查对象只在某一调查范围中使用。如当覆盖率达到 90% 时，华文语料中的异体字共 45 个，监测语料中的异体字共 39 个，华文语料独用的异体字共 33 个。

第三章　华文语料用字调查研究

本章对华文语料中的汉字使用情况进行了描述，并对按频率和按使用率排序所得字表进行了比较，同时对华文语料汉字的覆盖率和字种数关系进行了分析。

本次统计没有甄别文本中的别字、乱码，以及无法显示的字符，也未区分多音字、同音字。

华文语料中所有字符的总次数为 213 961 939，字符种数为 9 652。其中汉字总频次为 161 728 981，汉字字种数为 8 429（不含汉字部件）。

监测语料共 4 474 675 个文本文件，汉字总频次为 3 709 908 405（不含汉字部件），字种数为 11 802。

第一节　汉字使用的分类情况

作为语料来源的新加坡、马来西亚和泰国的汉字使用标准基本与中国大陆相同。从中国大陆汉字使用的视角来观察，汉字使用主要包括规范字和非规范字的使用。

规范字是指经过整理简化并由国家以字表形式正式公布的简化字和未被整理简化的传承字；非规范字指的是规范字以外的汉字。本调查中，非规范字以繁体字、异体字为主，也包括其他类型的非规范字，如旧印刷字形、日本汉字、旧计量用字、韩国汉字等等（由于其他类型的非规范字的字种数和频次都很低，因此本书中将之合计为"其他字"一类）。

目前学界对于汉字使用分类的研究尚无定论，特别是对于繁体字、异体字等争论较大。由于我们需要对华文语料和监测语料进行汉字使用分类的平行对比研究，监测语料字表中的汉字已按上文的汉字使用分类方法进行了分类，因此，对于华文语料，我们也采用监测语料字表中的汉字分类方法对汉字进行了分类，本章中并不深究汉字使用分类的学理上的根据。

一、概况

华文语料中，规范字频次为 161 692 898，字种数为 7 173，规范字频次在汉字总频次中所占比例为 99.98%，规范字字种数在汉字总字种数中所占比例为 85.10%。

非规范字的频次为 36 083，在汉字总频次中的频次比例为 0.02%，字种数为 1 256，字种数比例为 14.90%，频次最高的是"後"，在总字表中按频率从高到低排第 1 823 位，覆盖率为 97.72%。

汉字使用的分类情况如表 1 所示：

表 1　汉字使用的分类情况

类别	规范字	繁体字	异体字	其他字	总计
频次	161 692 898	20 831	11 940	3 312	161 728 981
频次比例（%）	99.98	0.01	0.01	0.00①	100
字种数	7 173	858	252	146	8 429
字种数比例（%）	85.10	10.18	2.99	1.73	100
出现文本数	296 355	8 566	5 260	1 524	296 355

从表 1 可以看到，规范字的频次比例很高，非规范字的频次比例非常低，只占到 0.02%，以繁体字和异体字为主。对比非规范字的频次比例和字种数比例可以发现，非规范字的字种用得比较多，但是其频次比例很低。相对于频次比例，非规范字的字种数比例达到了 14.90%。

繁体字、异体字、其他字使用的详细分类统计情况如表 2 所示：

表 2　非规范字使用的分类情况

类别	繁体字	异体字	其他字	总计
频次	20 831	11 940	3 312	36 083
在非规范字中的频次比例（%）	57.73	33.09	9.18	100
字种数	858	252	146	1 256
在非规范字中的字种数比例（%）	68.31	20.06	11.63	100

----

① 由于只保留小数点后两位，四舍五入后，有的比例为 0.00%。

二、繁体字使用情况

繁体字总频次为 20 831，字种数为 858，出现繁体字的文本数为 8 566；繁体字总频次在汉字总频次中所占比例为 0.01%，总字种数在汉字总字种数中所占比例为 10.18%；繁体字总频次在非规范字的总频次中所占比例为 57.73%，总字种数在非规范字总字种数中所占比例为 68.31%。从频次上来看，繁体字在本次调查的华文语料中使用的次数非常少，但是用到的繁体字字种数相对比较多。在所有非规范字中，繁体字使用的频次比例和字种数比例都是最高的。

华文语料前十位的繁体字的使用情况如表 3 所示：

表3　频率前十位的繁体字使用情况

汉字	後	來	嬅	華	學	爲	國	鎔	將	師
频次	5 585	652	570	412	394	301	194	172	146	140
文本数	2 622	128	141	7	18	37	42	40	56	9
频序	1 823	3 051	3 125	3 336	3 362	3 536	3 782	3 846	3 943	3 963

其中，"嬅"这个字全部是由"杨千嬅"和"千嬅"这两个姓名产生的，"鎔"字也主要是姓名用字。

三、异体字使用情况[①]

异体字总频次为 11 940，字种数为 252，所有出现异体字的文本数为 5 260；异体字总频次在汉字总频次中所占比例为 0.01%，总字种数在汉字总字种数中所占比例为 2.99%；异体字总频次在非规范字总频次中所占比例为 33.09%，总字种数在非规范字总字种数中所占比例为 20.06%。

前十位异体字的使用情况如表 4 所示：

---

① 本书完成时间在 2008 年，对于异体字的界定，主要参考了《第一批异体字整理表》和《辞海》（第六版），并未参考《通用规范汉字表》中的《新订异体字整理表》，《新订异体字整理表》中恢复为规范字，或部分恢复为规范字的，如某些人名、地名用字，在本书中仍被视作异体字。

表4　前十位异体字的使用情况

汉字	堃	菸	喆	扞	佈	坔	昇	蒐	勳	決
频次	2 657	2 234	615	368	299	273	271	247	202	199
文本数	1 027	322	224	264	169	113	121	154	82	45
频序	2 254	2 351	3 086	3 403	3 539	3 593	3 597	3 652	3 752	3 761

第二节　频率、使用率排序所得字表比较

使用率在频率的基础上综合考虑了汉字在文本间的分布情况。从《中国语言生活状况报告2007》（下编）可以看到，在一定范围内，按频率排序或按使用率排序来展示汉字，结果不完全一样。我们对华文语料字表分别做了按频率从高到低排序和按使用率从高到低排序，分别列出前100、200、500、1 000、2 000位的汉字进行比较，具体情况如表5所示：

表5　华文语料按频率排序和按使用率排序所得字比较

范围	独用字种数（比例）	按频率排序独用字	按使用率排序独用字
前100字	8（8.00%）	台　选　党　业　府　场 市　总	道　全　面　此　都　并 最　内
前200字	10（5.00%）	军　司　湾　警　元　文 战　海　教　投	接　讯　只　据　等　些 好　闻　回　果
前500字	24（4.80%）	朝　李　陆　病　哈　扁 铢　卡　款　校　银　师 阵　越　武　纳　义　律 沙　广　卫　督　航　黄	且　仍　止　落　五　严 尽　几　清　规　虽　担 值　执　料　条　整　采 级　负　述　又　随　够
前1 000字	28（2.80%）	唱　仙　枪　贪　佈　雪 徒　禽　兹　杨　锦　佛 船　杰　父　婚　洋　练 蓝　版　镇　河　拜　倍 甲　患　云　券	悉　竟　呈　坏　朋　挥 幸　途　频　般　扬　散 怀　序　味　乱　背　旦 某　阻　惊　订　胁　返 暂　违　截　夜

（续上表）

范围	独用字种数（比例）	按频率排序独用字	按使用率排序独用字
前2 000字	33（1.65%）	爸 虫 钓 荫 姚 谍 稻 晶 僧 詹 祭 舟 娃 棕 赐 泊 魏 碟 贼 斌 堤 乳 咖 葬 斋 梯 拳 诈 贬 昆 侣 礁 纺	汉 肆 惕 谅 蔓 娟 擦 赋 糊 匾 诱 捉 屈 饱 哭 糕 啦 弥 脉 抬 骤 催 肩 惧 痕 慌 俩 坞 腰 瞩 浩 杉 衷

从表5可以看到，按频率从高到低排序和按使用率从高到低排序得到的字表相差较大。

按频率排序时，由于语料内容以新闻居多，反映时政方面的字排在前面，如"选、党、军、铢"等；一些表示国家地区和姓名的字也排得靠前，如"台、湾、海、陆、李、扁、哈"等，特别是一些带有东南亚地域色彩的字。而按使用率排序时，由于考虑了文本的分布，一些较多出现在某一类文章中的字使用率自然就较低，而那些在不同性质的文章中都较均匀出现（均匀分布）的字则使用率较高，如一些常用字"全、面、此、都、并、最"等等。

第三节 覆盖率情况

覆盖率指的是调查语料内指定调查对象数量占所有调查对象总量的百分比。每一覆盖率会有对应的词种和词种数，如某语料中，覆盖率为10%时，共用到词种数6个，分别是"的、在、是、和、他、了"。词语覆盖率反映的是词种在总语料中的覆盖情况，同样反映了词语使用的集中度和离散程度。

华文语料中汉字的覆盖率与字种数的关系如表6所示：

表6 汉字覆盖率及字种数统计

覆盖率（%）	字种数	字种数比例（%）	覆盖率（%）	字种数	字种数比例（%）
10	9	0.11	40	107	1.27
20	30	0.36	50	169	2.00
30	63	0.75	60	256	3.04

（续上表）

覆盖率（%）	字种数	字种数比例（%）	覆盖率（%）	字种数	字种数比例（%）
70	376	4.46	95	1 301	15.43
80	568	6.74	96	1 429	16.95
90	920	10.91	97	1 598	18.96
91	974	11.56	98	1 835	21.77
92	1 039	12.33	99	2 243	26.61
93	1 113	13.20	100	8 429	100
94	1 198	14.21			

从表6可以看到，当覆盖率达到50%时，字种数为169，只占到总字种数的2%；当覆盖率达到90%时，字种数为920，占到总字种数的10.91%；当覆盖率达到99%时，字种数为2 243，占到总字种数的26.61%。总体上，华文语料的8 429个汉字中，约四分之三的汉字是较低频次的字，这些低频字总的频率只占1%。

表7列举了覆盖率从10%到50%的汉字字种：

表7　覆盖率从10%到50%的字种

覆盖率（%）	字种（字种数）
10	的 国 在 是 一 人 中 有 不（9）
10~20	会 大 他 为 年 日 和 出 以 上 这 了 新 政 时 对 民 行 来 个 发（21）
20~30	说 到 也 将 美 要 公 前 报 家 表 后 方 成 经 们 主 地 能 我 生 法 长 于 部 加 马 本 过 台 员 而 事（33）
30~40	选 可 多 下 及 与 党 者 动 进 作 名 示 关 外 分 开 月 现 理 合 业 就 其 府 天 当 场 因 自 得 已 所 同 市 之 总 全 都 议 拉 面 道 机（44）

（续上表）

覆盖率 （%）	字种（字种数）
40～50	力　高　内　定　学　此　最　华　工　问　被　并　但　指　今　两　重 资　提　利　统　如　联　还　万　区　斯　相　题　受　没　子　达　期 目　任　用　亚　安　至　金　心　体　里　该　意　局　展　明　第　入 实　立　由　然　次　持　比　军　交　系　正（62）

第四章　华文语料和监测语料的汉字对比研究

　　本章对华文语料和监测语料分别进行了汉字使用分类情况的详细对比、二者的覆盖率与字种数的关系对比，以及进行了共用、独用字种数调查和独用字分段调查，同时进行了华文语料独用字分析和基于频序比的汉字使用对比分析。

　　华文语料共使用字种数 8 429，监测语料共使用字种数 11 802，二者共用字种数为 7 957。华文语料独用字种数共 472，监测语料独用字种数共 3 845。

　　华文语料和监测语料的共用和独用字种数对比情况如表 8 所示：

表 8　华文语料和监测语料共用和独用字种数对比

语料	字种数	共用字种数	共用字种数比例（％）	独用字种数	独用字比例（％）
华文语料	8 429	7 957	94.40	472	5.60
监测语料	11 802		67.42	3 845	32.58

　　这里需要说明的是，由于语料规模相差比较大，二者的独用和共用字种数比例相差比较大。

第一节　汉字使用的分类情况对比

　　汉字使用，包括规范字、繁体字、异体字和其他字的使用。

　　华文语料中，规范字频次为 161 692 898，字种数为 7 173，频次在汉字总频次中所占比例为 99.98％，字种数在汉字总字种数中所占比例为 85.10％。

　　监测语料中，规范字频次为 3 709 791 325，字种数为 9 821，频次在汉字总频次中所占比例为 100％，规范字字种数在汉字总字种数中所占比例为 83.21％。

　　汉字使用的分类统计情况如表 9 所示：

表9　汉字使用的分类统计

类别		规范字	繁体字	异体字	其他字	总计
频次	华文	161 692 898	20 831	11 940	3 312	161 728 981
	监测	3 709 791 325	31 512	69 567	16 001	3 709 908 405
频次比例（%）	华文	99.98	0.01	0.01	0.00	100
	监测	100	0.00	0.00	0.00	100
字种数	华文	7 173	858	252	146	8 429
	监测	9 821	1 181	481	319	11 802
字种数比例（%）	华文	85.10	10.18	2.99	1.73	100
	监测	83.21	10.01	4.08	2.70	100

从表9可以看到，在频次比例这一项中，华文语料的规范字比例要比监测语料的低0.02%，在华文语料中，繁体字和异体字的频次比例各占到0.01%。

在字种数比例这一项中，华文语料的规范字字种数比例比监测语料的高1.89%，异体字、其他字的字种数比例都比监测语料的低，二者的繁体字字种数比例基本一致。

为了更详细地研究非规范字内部的分类使用情况，表10列出了非规范字使用的分类统计数据：

表10　非规范字使用分类的情况

类别		繁体字	异体字	其他字	总计
频次	华文	20 831	11 940	3 312	36 083
	监测	31 512	69 567	16 001	117 080
非规范字中的频次比例（%）	华文	57.73	33.09	9.18	100
	监测	26.91	59.42	13.67	100
字种数	华文	858	252	146	1 256
	监测	1 181	481	319	1 981
非规范字中的字种数比例（%）	华文	68.31	20.06	11.62	100
	监测	59.62	24.28	16.10	100

在频次比例这一项中，华文语料的繁体字占到57.73%，是监测语料中繁体

字的两倍多，其异体字则约为监测语料中异体字的一半。华文语料的繁体字和异体字频次比例之和为90.82%。

在字种数比例这一项中，二者相差不大；华文语料的繁体字字种数比例比监测语料的高8.69%，异体字字种数比例则比监测语料的低4.22%。

第二节　覆盖率与字种数的关系对比

表11显示了华文语料和监测语料汉字覆盖率与字种数的关系对比：

表11　华文语料和监测语料汉字覆盖率与字种数的关系对比

覆盖率（%）	华文语料		监测语料	
	字种数	字种数比例（%）	字种数	字种数比例（%）
10	9	0.11	9	0.08
20	30	0.36	31	0.26
30	63	0.75	65	0.55
40	107	1.27	113	0.96
50	169	2.00	177	1.50
60	256	3.04	268	2.27
70	376	4.46	398	3.37
80	568	6.74	596	5.05
90	920	10.91	962	8.15
95	1 301	15.43	1 363	11.55
99	2 243	26.61	2 597	22.00
100	8 429	100.00	11 802	100.00

从表11可以看到，覆盖率低于50%时，华文语料和监测语料的用字字种数相差不大。随着覆盖率的提高，二者相差的字种数越来越多，总体上同一覆盖率情况下，华文语料用字少于监测语料用字。但是，从字种数比例来看，由于监测语料的总字种数大于华文语料的总字种数，覆盖率相同时，华文语料的字种数比例大于监测语料字种数比例。

图1更形象地显示了二者的关系对比情况：

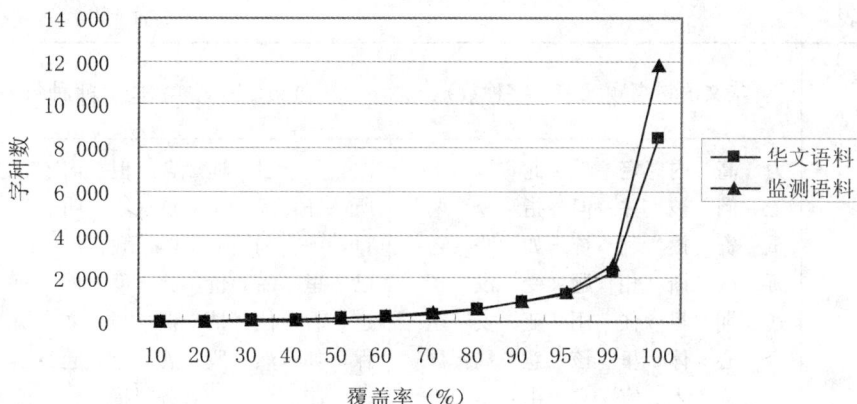

图1　华文语料和监测语料汉字覆盖率与字种数的关系对比

表12 列举了覆盖率从 10% 到 50% 的高频汉字：

表12　覆盖率从 10% 到 50% 的高频汉字

覆盖率 （%）	华文语料高频汉字（字种数）	监测语料高频汉字（字种数）
10	的　国　在　是　一　人　中　有　不 (9)	的　一　在　是　了　人　有　中　国 (9)
10～20	会　大　他　为　年　日　和　出　以　上　这　了　新　政　时　对　民　行　来　个　发 (21)	不　大　上　为　年　这　个　和　会　到　时　出　我　来　以　发　行　对　他　日　市　生 (22)
20～30	说　到　也　将　美　要　公　前　报　家　表　后　方　成　经　们　主　地　能　我　生　法　长　于　部　加　马　本　过　台　员　而　事 (33)	家　要　地　业　新　成　后　公　们　者　经　多　场　能　就　作　现　也　前　于　分　下　本　方　过　说　进　可　开　将　学　部　报　月 (34)
30～40	选　可　多　下　及　与　党　者　动　进　作　名　示　关　外　分　开　月　现　理　合　业　就　其　府　天　当　场　因　自　得　已　所　同　市　之　总　全　都　议　拉　面　道　机 (44)	工　天　高　得　全　动　自　车　主　用　法　都　而　员　民　理　最　还　实　面　机　比　力　子　资　小　同　关　事　长　体　电　定　产　元　与　之　赛　记　金　名　加　区　重　队　当　美　等 (48)

（续上表）

覆盖率 （%）	华文语料高频汉字（字种数）	监测语料高频汉字（字种数）
40～50	力　高　内　定　学　此　最　华 工　问　被　并　但　指　今　两 重　资　提　利　统　如　联　还 万　区　斯　相　题　受　没　子 达　期　目　任　用　亚　安　至 金　心　体　里　该　意　局　展 明　第　入　实　立　由　然　次 持　比　军　交　系　正（62）	次　其　表　通　合　但　内　心 所　外　好　司　点　第　明　球 目　手　利　从　建　政　没　两 已　里　品　价　此　度　展　间 道　看　位　情　期　很　文　因 保　如　然　股　着　今　起　三 入　制　北　特　务　提　化　被 万　安　并　意　相　些　平　东（64）

第三节　共用、独用情况调查分析

一、共用、独用字种数调查

我们对华文语料和监测语料的共用字和独用字进行了考察。考察方法如下：分别取华文语料和监测语料字表频序前 100、200、500、1 000、2 000、3 000、4 000、5 000 的字进行共用字和独用字比较，具体情况如表 13 所示：

表 13　华文语料及监测语料分区段的共用和独用字种数及比例

范围	共用		独用	
	数量	比例（%）	数量	比例（%）
前 100 字	78	78.00	22	22.00
前 200 字	161	80.50	39	19.50
前 500 字	428	85.60	72	14.40
前 1 000 字	907	90.70	93	9.30
前 2 000 字	1 842	92.10	158	7.90
前 3 000 字	2 747	91.57	253	8.43
前 4 000 字	3 731	93.28	269	6.72
前 5 000 字	4 603	92.06	397	7.94

总体上看，二者的共用字比例较高。当取前 1 000 字时，二者的覆盖率都达到了 90% 以上，共用比例为 90.70%。

二、独用字分段调查

考察方法是分别取监测语料和华文语料字表频序前 100、200、500、1 000、2 000、3 000 的字进行独用字比较，具体情况如表 14 所示：

表 14　华文语料及监测语料分区段对比的独用字

范围	独用字数	独用字													
		华文语料						监测语料						
前100字	22	政 与 当	美 党 因	表 名 已	加 示 所	马 外 之	台 合	选 其	及 府 总	学 还 小	工 实 体	高 面 电	全 机 定	车 比 产	用 力 元	都 子	最 资
前200字	39	马 拉 任 军 向	台 华 亚 系 战	选 指 至 数 教	及 统 该 湾 认	党 联 警 投	示 题 布	府 受 立 计	议 达 持 首 调 无	车 球 保 平 种	产 手 股 东 运	赛 建 着 广 水	记 品 三 网 商	队 价 北 据	等 看 特 京	好 位 门	点 很 些 性 化 管
前500字	72	湾 陈 油 宣 曾 副 兰 阵 义	阿 港 尼 洲 策 括 卡 请 岁	席 官 朝 独 往 却 武 律	坡 早 即 威 死 响 控 沙 卫	吉 必 访 拿 露 双	令 希 升 陆 它 职 继 督	泰 言 谈 否 哈 扁 透 纳 航	伊 击 致 香 除 铢 维 益 黄	深 节 省 注 片 牌 源 险 值	老 山 考 号 五 具 村 仅 随	房 王 型 米 户 光 采 购 清	规 奥 足 营 销 热 速 段	你 级 又 转 江 住 精 限	企 几 儿 快 农 评 装 售	乐 整 图 质 条 容 男 爱	术 技 创 环 形 研 花 圳 优
前1 000字	93	坡 讨 宗 捕 莱 皇	扁 恐 秘 裁 努 坦	铢 屋 援 末 伦	督 署 顿 予 宪 雅	岸 岛 私 菲 莫 尤	曼 巫 袖 塔 释 澳	隆 炸 董 呼 召 驻	槟 针 丹 若 估 谷 姆	圳 彩 街 租 秀 乡	某 绍 怎 悉 迷 味	浪 湖 川 亮 障 丰	春 吃 呢 频 抢 娱	阳 写 征 挥 杯 载	板 宁 田 块 雨 篮	招 套 雷 培 违 笔	券 戏 摄 血 材 脑

（续上表）

范围	独用字数	独用字	
		华文语料	监测语料
前1000字	93	玛抵哥嫌敦拜　妇著阁徒宾倍　邦刊怖禽脚甲　延挑避兹献斗　呼仙污仪封楚　袭架闭佛蓝　寻枪染船拒　盛贪丁披误	朋码牛贵夏惠　笑妈操毕惊赵　简休您础赶坐　津借跑曲启微　舞背钢峰厅靠　松藏晓竟吧　叫皮桥瑞订　伟般孙罚夜
前2000字	158	铢慕皆惟廊吓馈兆贞嫩庙囡仕钦缉坠詹磋恨贬　槟甸霖惹誓萧逻帐鲍後叙壤钓刹乍掩祭僵贼垒　巫柬颂膨卿驳挽勿欺澄叛辱吞荫镑掀缔僚赃牺　袖埔啸叻汶肺衰奸廖飘抨哇汀谍哀赐堤侣　仙雇叻淑弊艘削夕舆抨殿辜巩牲框魁葬　裔逾砂靖瑜丑遣仰祈逝歹卸昔巩屠泊毙撒　缅峇雰滥函莪邱佐崛绯骚捍藉罕粒稻棕枝斋　逮蓬挫晤遣腊佐崛苹崩盼傍僧仇碟勃	棋辽秦磨徽盐炬摘俩凉朴尘肩腹乙狼晰抬苑瓮　杭爷滚匹亩酷乒崔咱肝纺脉湘仲稀蹈膜淀　浙豆傅腰浩悦郁塘墓惑喷魅阔抚婷铝晴　鹏羊肖哭堵甜岩雕姻椅谭鼠尿妆擦葡肌吐橘　沪琴艳驰颖霞涯侯氧盲桃绘暑盒碑煌铝　杆聊漂挖烂摸虹旭捧钻帆锅菌幻饼砖爬绵锻囊　莞寸桂疆姜袁睛厢钻陵呀萍铃挣夹　粤紫岭酸鹿鸣柳炭汰悄硕疼屡凝墅芯涂滞脂
前3000字	253	铢後祷爪遴婿讪　槟抨焖沁喃笞隆　峇捍聆罹俘赦寮　霖哇蝉屿湄澎　叻於僚庇叩邸陡娴　雰赐谤堃菸谚碾　莪礁扯岬麽劲佼	莞靓晒荔扒媲窦　芯扔萌宴鹤邢　苑萌腺痘渝湛脾羡　淀宴痘禺蟹媛芦　楠鹤琦到俞肪熬　帖姨祛敞沾甩汛　鑫烤琦螺俞阉悴　昊扇蜀帷睿幢憔

（续上表）

范围	独用字数	独用字	
		华文语料	监测语料
前3 000字	253	屑 俪 棣 妤 痉 逍 兢 疹 疟 喆 襟 疮 莽 祠 舵 椰 陀 跛 矣 眈 肘 愕 胚 挪 恺 钜 梓 嚷 揄 颅 虔 竿 靶 剃 鹚 汲 浊 噬 镁 宥 伉 鹦 牒 婵 鳞 辄 篡 寝 猝 颓 瑚 沮 嗅 曰 卒 忱 锺 悖 豚 窒 帛 脐 踝 瑕 睫 犀 渥 燊 酌 庚 拙 灼 憎 胥 垣 靴 缪 蝇 肛 埠 铎 劈 冈 抒 羹 寇 蕙 烽 菇 哺 瘘 桓 惋 骈 拷 膳 飚 躯 茉 屎 烯 麒 铨 琯 咙 辍 狡 谒 旷 癣 孀 缀 悻 雌 蒜 榴 霾 禀 邬 氰 挟 侮 妄 禧 谕 笃 譬 骸 爹 尉 妓 銮 厝 峙 恫 兀 矢 椰 菩 呛 甘 剽 夭 蠹 猖 桐 腥 殃 湁 泗 逞 熄 徵 狄 佬 堕 慷 谬 盔 岑 捣 羁 纡 燃 茌 渲 惶 氓 钊 燮 蕤 厌 镕 揆 萱 歼 町 嗜 獗 窘 绞 囤 棘 遑 洙 梵 榻 丞 撬 拇 仆 拚 琉 掳 撮 仆	萝 娅 绣 彪 髓 侈 钥 兔 粘 皋 鞍 脖 蔽 凳 弦 铸 曙 潇 卵 枯 酱 霉 捆 蕊 妍 脊 哑 鄂 樊 琛 媚 雁 巍 肋 泌 硅 咽 彤 翅 绸 渤 茵 梨 崃 焰 哦 朔 橙 颐 咳 懒 镐 宛 枫 兜 筛 韧 珀 卉 钧 锌 伽 鸽 帘 闫 吾 灶 屯 巅 敛 陋 牡 畔 刃 竖 壶 匠 枣 阱 翟 粥 刁 佟 益 嗓 琢 嫦 搅 觅 漓 孚 熏 寰 葱 攒 夏 舅 怠 锈 泣 碱 昕 缤 雏 匈 蛙 蝴 脐 扛 祁 暇 芽 匈 烨 郡 畴 靡 焊 皱 煎 粪 痒 曦 闵 甄 淳 搐 咋 叮 叭 舜 籁 驮 钙 匀 泸 嵌 挚 笋 徊 驴 隋 墩 禾 琐 氯 丫 徊 驴 赣 泵 绽 磷 镶 徘 冉 哎 呕 沥 滔 喧 氨 笛 棠 鲸 苟 膊 噩 蹦 翘 栅 蚁 娄 襄 芹 秒 翡 钮 趴 嫖 捂 胳 栩 榆 颤 窥 嵩 俯 胳 阀 畸 笋 袄 焱 沐	

从表14可以看到，华文语料独用字中多为表示时政新闻内容的用字，而且以东南亚、中国港台地区相关时事用字居多，特别是前1 000个字更是如此。

三、华文语料独用字分析

华文语料共使用字种数8 429，监测语料共使用字种数11 802，华文语料独用字种数共472个，在这472个独用字中，最高频的"俪"字在华文语料总字表按频率从高到低排列的第4 130位，此时的覆盖率为99.93%。

华文语料472个独用字的总频次为1 768。其中，频次大于或等于10的字种共31个，按频率从高到低排序列举如下（括号内为频次）：

俰（176）、導（86）、嫴（74）、嵻（60）、髒（39）、撥（37）、希（35）、搶（34）、歛（27）、谿（22）、歎（22）、粿（21）、輛（19）、畢（19）、灣（18）、績（15）、潚（15）、栻（14）、艙（13）、欗（13）、罰（12）、禕（12）、擬（12）、誗（11）、濬（11）、楬（11）、壇（11）、鮟（10）、錺（10）、賃（10）、窮（10）。

表15是华文语料472个独用字使用情况的分类统计：

表15　华文语料独用字使用情况的分类统计

类别	频次	频次比例①（%）	字种数	字种数比例②（%）
繁体字	944	53.39	235	49.79
规范字	672	38.01	192	40.68
异体字	115	6.50	31	6.57
其他字	37	2.09	14	2.97
总计	1 768	100	472	100

我们对排在前三位的繁体字、规范字和异体字做了简要分析。

（一）独用字中的繁体字情况

繁体字最多，频次比例和字种数比例分别占到53.39%和49.79%，排在前十位的如表16所示：

表16　华文语料中前十位独用繁体字

汉字	導	嫴	髒	撥	搶	谿	輛	畢	灣	績
频次	86	74	39	37	34	22	19	19	18	15
文本数	13	3	33	2	12	16	9	4	10	4

① 指的是在所有独用字中的频次比例。
② 指的是在所有独用字中的字种数比例。

1. 導

前三个繁体字中，"導"主要用于词语"輔導（19 次）、導致（16 次）、教導（14 次）、主導（3 次）、指導（2 次）"中。[①] 如：

A. 教總反對這項不合理的措施，因為不諳華文的教師根本無法輔導學生的課業，反而進一步侵蝕華小的本質。（马新社中文网）

B. 白介素 –12 本身是一個抗乙肝病毒的細胞因子，能使活化的免疫細胞增殖并增加其細胞毒活性，誘導干擾素分泌，調節免疫細胞發育並促其分化。（马新社中文网）

在华文语料中，"導"的正字"导"的频序为 240，频次为 171 902，文本数为 87 576。

"导"字在华文语料中组词（含单用，下同）的前十位如下：

A. 导致（频序 301，频次 43 973，文本数 32 215）
B. 导（频序 512，频次 26 228，文本数 19 650）
C. 领导（频序 644，频次 21 254，文本数 13 643）
D. 领导人（频序 685，频次 19 993，文本数 12 363）
E. 导弹（频序 841，频次 16 668，文本数 4 248）
F. 导演（频序 2 198，频次 6 268，文本数 3 429）
G. 主导（频序 2 761，频次 4 852，文本数 3 780）
H. 领导层（频序 3 085，频次 4 192，文本数 2 814）
I. 指导（频序 3 214，频次 3 978，文本数 2 971）
J. 引导（频序 5 274，频次 2 009，文本数 1 640）

2. 嬟

"嬟"字全部是人名用字，主要用在"蔡蕙嬟（67 次）、惠嬟（7 次）"人名中。如：

[①]　由于自动分词难以切分出含非规范字的词语，本书中，凡是非规范字组成的词语及其次数都是人工从语料中归纳出来的。列举时，只列举了部分高频、代表性较强的词语，而且存在单独使用该字的情况，所以，列举词语的次数之和可能少于该字的总次数。下同。

传奇魔术大师大卫考柏菲即将来新之际，先认识本地唯一专业女魔术师蔡蕙婷。(《联合早报》)

3. 髒

"髒"字主要用在"肮髒、髒乱、髒兮兮"等词语中，也有部分单独使用。如：

A. 卫生局还提醒民众要经常洗手，不要用髒手揉眼，还要避免到人群拥挤的地方，减少被传染的机会。(《世界日报》)
B. 无论怎样，这种肮髒的恐吓行为都不应该是政党所为，相信民众都会认同这点。(《世界日报》)

在华文语料中，"髒"的正字"脏"的频序为 2 571，频次为 1 818，文本数为 678。

"脏"字在华文语料中组词如下：

A. 肮脏（频序 9 734，频次 795，文本数 548）
B. 脏（频序 11 713，频次 589，文本数 386）
C. 脏话（频序 27 856，频次 124，文本数 89）
D. 脏乱（频序 55 922，频次 31，文本数 24）
E. 脏兮兮（频序 59 431，频次 27，文本数 26）
F. 脏活（频序 120 385，频次 6，文本数 5）
G. 脏污（频序 347 781，频次 1，文本数 1）

(二) 独用字中的规范字情况

规范字频次比例和字种数比例分别占到 38.01% 和 40.68%，前十位如表 17 所示：

表 17　华文语料中前十位独用规范字

汉字	俋	嶙	卷	爨	浦	楩	楬	橪	楝	檖
频次	176	60	35	21	15	14	11	9	8	7
文本数	46	10	11	21	14	9	11	6	1	4

1. 俋

前三个规范字中，"俋"主要是人名用字，全来自于"张俋宾"。如：

在武吉班让，行动党的张俋宾（Teo Ho Pin）对垒民主党的林孝谆（Ling How Doong）。（亚洲新闻网）

2. 嶙

"嶙"字也主要是人名用字，来自于"陈祈嶙"。如：

贪污调查局首席调查员奥斯曼在供证时指，控方主要证人陈祈嶙有关收取杜莱 2 万元的供词前后矛盾。（新动网）

3. 卷

"卷"字主要用于"彩卷（20 次）、礼卷（8 次）、入场卷（4 次）、证卷（1 次）"等。如：

A. 如此的已身享人间荣华富贵，又大权在握，尤不知足的还利用公权力与民争相拜庙祈福庇护、抢夺游乐场的"优先入场卷"。（《联合早报》）

B. 尤其是当所谓"总统"、"副总统"的，成天吃饱闲晃着没事干，口袋也早已撑得鼓鼓饱饱的，在岛内是可以"呼风唤雨"的横行霸道，甚至已是荣华富贵在身，竟还可以公权力与民争抢寺庙和游乐场的"祈福头香"和"优先入场卷"，而企图妄想将"人间天上"的一切福祉都涓滴归己入袋。（《联合早报》）

（三）独用字中的异体字情况

异体字频次比例和字种数比例分别占到 6.50% 和 6.57%，前十位如表

18 所示：

表18　华文语料中前十位独用异体字

汉字	斂	歎	剷	齶	嫺	瘉	櫂	傚	災	廂
频次	27	22	9	6	5	4	4	4	3	3
文本数	23	20	8	3	4	4	2	4	3	3

1. 斂

在华文语料中，"斂"字总共组词三个，分别是：

A. 收斂（20 次，《联合早报》3，独立新闻在线 1，《世界日报》16）
B. 斂财（5 次，《联合早报》3，独立新闻在线 1，《世界日报》1）
C. 内斂（2 次，《联合早报》2）。

三个词语的例句分别如下：

A. 祈盼政府决策阶层秉打铁趁热的精神，整合相关法规和公权力，规范性侵儿童行为，以适切刑罚使有犯行意念者知所收斂。（《世界日报》）
B. 不过，在政治上，他采取高压手段，铁腕打压异己，造成无数人死亡，加上他的家族和亲信透过贪污、垄断，巧取豪夺，大肆斂财。（《联合早报》）
C. 只有内斂，我们才能在那些大国吵吵嚷嚷的时候发展自己的力量。（《联合早报》）

在华文语料中，"斂"的正字"敛"的频序为 2 908，频次为 825，文本数为 559，在六个词语中共使用 825 次，如下：

A. 敛财（频序 16 226，频次 338，文本数 137）
B. 收敛（频序 17 981，频次 282，文本数 260）
C. 内敛（频序 30 293，频次 105，文本数 99）
D. 敛（频序 44 368，频次 46，文本数 44）
E. 聚敛（频序 45 402，频次 44，文本数 35）
F. 暴敛（频序 91 736，频次 10，文本数 10）

2. 歎

在华文语料中，"歎"字总共组词八个，除了"可歎"来自独立新闻在线外，其他都来自《世界日报》：

感歎（6 次）　　歎为观止（3 次）　　赞歎（2 次）　　惊歎（2 次）
可歎（1 次）　　自歎不如（1 次）　　令人慨歎（1 次）　　令人浩歎（1 次）

部分词语的例句分别举例如下：

A. 她感歎，出国度假前吃了饭，回来也没见到面，就分手了。（《世界日报》）

B. KASET 和 PRG 都是袋装米产销商，股价随著米价同步高升，涨幅令投资者歎为观止。（《世界日报》）

C. 无论如何，今年在泰国举行的奈米技术研讨会还吸引国外 300 多专家和研究人员共聚一堂，共同观摩和交流奈米研究的经验，并向社会展示相关的研究成果，相信不少奈米应用技术制品会赢得赞歎与好评。（《世界日报》）

D. 而刘松仁宝刀未老，这次扮演忍辱负重、卧薪尝胆的越王勾践，精湛演技让人惊歎。（《世界日报》）

在华文语料中，"歎"的正字"叹"频序为 2 199，频次为 2 981，文本数为 2 432，在 44 个词语中总共使用 2 981 次，前十个词语如下：

A. 感叹（频序 9 286，频次 857，文本数 742）
B. 叹（频序 12 704，频次 513，文本数 442）
C. 惊叹（频序 16 751，频次 320，文本数 275）
D. 叹息（频序 20 149，频次 228，文本数 197）
E. 赞叹（频序 21 078，频次 211，文本数 182）
F. 叹为观止（频序 22 498，频次 187，文本数 184）
G. 慨叹（频序 27 031，频次 131，文本数 121）
H. 兴叹（频序 32 716，频次 89，文本数 82）
I. 可叹（频序 37 833，频次 65，文本数 63）
J. 哀叹（频序 41 498，频次 53，文本数 51）

3. 剷

在华文语料中，"剷"字全部由词语"剷除"产生。例句全部来自独立新闻在线，举例如下：

A. 不过他同时呼吁此建议应配合剷除警队中的贪污及滥权行为的决心。（独立新闻在线）
B. 许多人在担心，那些重要的建议如：剷除贪污舞弊、确保警方尊重法律和人权、有系统地处理犯罪案件等等，将不再受重视。（独立新闻在线）

在华文语料中，"剷"的正字"铲"频序为 2 372，频次为 2 150，文本数为 1 570，在 11 个词语中总共使用 2 150 次，前五个词语如下：

A. 铲除（频序 8 119，频次 1 070，文本数 799）
B. 铲（频序 8 636，频次 975，文本数 719）
C. 铲子（频序 48 637，频次 38，文本数 37）
D. 铁铲（频序 56 950，频次 27，文本数 18）
E. 锅铲（频序 74 430，频次 15，文本数 11）

第四节　基于频序比的汉字使用对比分析

这里的频序比指的是华文语料汉字的频序（按频率降序排列的位序，如"的"频率最高，频序为 1）与监测语料汉字频序的比值。对考察范围内的汉字的频序比从低到高排列，可以得到华文语料中频序与监测语料相差较大的汉字，这在一定程度上反映了华文语料用字的特点。

我们统计了华文语料前 2 000 位汉字和监测语料前 2 000 位汉字的频序比，按频序比从低到高排列的前 100 个汉字如下：

党 坡 政 马 湾 国 府 选 台 吉 扁 泰 席 拉 美 民 及
议 令 表 阿 示 统 指 亚 他 伊 巴 隆 朝 警 陆 督 岸
贪 宪 印 吁 阵 官 早 哈 总 鲜 日 阁 须 加 署 玛 港
媒 曼 举 威 论 禽 说 华 恐 陈 怖 票 会 捕 将 独 长
谈 括 联 透 反 述 否 言 必 宗 洲 宣 立 尼 局 沙 谷

希　讨　达　盟　兹　该　贸　因　至　军　露　炸　报　若　新

从上面的汉字可以发现，其中很多是具有东南亚特色的用字，如东南亚地域用字"坡、马、湾、国、府、台、吉、泰、伊、巴、隆、岸、印"等，反映东南亚时政新闻的用字，如"党、政、选、民、议、统、督、贪、宪、阁"等。

第五章 华文语料字表与现行规范字表的对比分析

为了更好地观察华文语料用字的情况，我们将华文语料字表和《现代汉语常用字表》、《现代汉语通用字表》进行了比较。

第一节 前 2 500 字与《现代汉语常用字表》（一级常用字）的比较

华文语料中前 2 500 字与《现代汉语常用字表》的一级常用字（2 500 字）的比较数据参见表19。

表 19　华文语料中前 2 500 字与一级常用字（2 500 字）的比较

范围	独用字数	华文语料独用字													
500	4	尔	伊	媒	铢										
1 500	64	韩	曼	槟	署	萨	迪	综	巫	诺	俄	措	菲	莱	辑	伦	澳
		姆	玛	邦	吁	兹	敦	频	蔡	裔	洛	缅	甸	谓	帕	廷	蒂
		柬	埔	拟	凌	穆	娜	艾	埃	郭	兑	莎	雇	怡	卢	颁	逾
		峇	霹	啸	叻	砂	撰	耶	惟	吕	戈	彭	於	莉	弗	淑	潘
2 500	334	靖	雳	赫	挫	玲	卿	汶	瑜	账	聘	辖	晤	歧	谐	萧	氖
		琳	坤	妮	邓	霍	枚	逊	函	馈	贾	逻	铭	癌	寓	浦	蒋
		遣	莪	柯	亨	奈	邱	憾	佐	琼	婴	契	肇	鲍	曝	拓	涵
		咨	圳	祈	拯	崛	後	澄	庞	廖	逸	绯	冯	茨	飙	履	卓
		舆	歹	曹	骚	囚	胎	抨	虐	迄	鸿	韦	捍	哇	藉	崩	钦
		刹	荫	汀	抑	讼	姚	昔	罕	缉	翰	乍	镑	谍	坠	颇	僧
		詹	祭	缔	遏	（前100）											

当范围为前 500 字时，"尔、伊、媒、铢"四个字没有出现在一级字表中。

其中"尔"在华文语料中的频次为 155 647，频序为 264，主要见于地名、人名有关的词语中，如"布莱尔、保尔森、默克尔、希尔、戈尔、斯塔尔、华尔街、诺贝尔"（按频次从高到低列出）等等。这是时政新闻用字的体现。

"伊"在华文语料中的频次为 148 833，频序为 277，也是见于地名、人名有关的词语中，如"伊朗、伊拉克、卡伊达、伊斯兰、伊万诺夫、伊斯兰堡"（按频次从高到低列出）等等。

"媒"字的频次为 115 534，频序为 357，主要见于"媒体、传媒、媒介、多媒体"（按频次从高到低列出）等词语中。这与社会变迁和信息时代的发展有关。

"铢"字在华文语料中的频次为 89 148，频序为 445，主要见于"泰铢"及其简称"铢"等词语中。这是比较典型的东南亚特色用字。

当范围为前 1 500 字时，总体上看，华文语料中多数独用字与时政新闻中重大时事用字、人名、地名（特别是东南亚、中国港台）有关。

当范围为前 2 500 字时，总体上看，独用字的使用比较综合，中国大陆的常用字也较多。

第二节　前 3 500 字与《现代汉语常用字表》（3 500 字）的比较

华文语料中前 3 500 字与《现代汉语常用字表》用字（3 500 字）的比较数据如表 20 所示：

表 20　华文语料中前 3 500 字与《现代汉语常用字表》的比较

范围	独用字数	华文语料独用字
1 000	4	铢　槟　迪　兹
1 500	11	蔡　裔　埔　莎　怡　峇　叻　耶　惟　於　弗
2 500	98	汶　瑜　妮　馈　莪　柯　亨　邱　佐　肇　鲍　曝　圳　崛　後　廖 绯　茨　飙　抨　韦　哇　藉　荫　汀　缉　镑　詹　磋　斌　煽　娟 暨　聆　嘛　铉　矶　倪　瞩　荣　敖　炳　铀　霖　挞　萃　沁　罹 妃　赈　叩　姬　垫　尹　尬　琪　魅　尴　遵　霆　喃　彦　抄　邸 胺　荪　麽　咎　湄　陛　劲　汕　寮　玮　奎　馨　娴　滕　佼　俪 磊　棣　妤　咄　迺　喆　禹　陀　矣　眈　汕　揶　恺　钜　梓　揄 炜　虔

（续上表）

范围	独用字数	华文语料独用字
3 500	341	汲 噬 镁 宥 伉 牒 婵 辑 晖 猝 瑚 曰 芸 锺 悖 豚 帛 岚 踝 瑕 渥 燊 岐 庚 睫 亟 胥 垣 缪 铎 冈 皓 蕙 烽 瘘 瑶 苯 晏 桓 骅 渎 烯 麒 铨 瑄 辍 嬬 悖 霆 厄 邬 氰 麟 酋 诠 渎 喀 禄 禧 谕 雯 淇 璇 龚 飓 阮 钰 涅 笃 圭 骸 銮 厝 汝 岐 婷 慪 恫 兀 茜 仕 弘 廿 郝 桐 槛 浏 泗 镖 茹 弈 徽 狄 佬 牟 韶 侃 睐 娥 岑 （前 100）

本次调查的华文语料中频率前 1 000 的汉字中，"铢、槟、迪、兹"没有在《现代汉语常用字表》中出现。

其中"槟"的频次为 62 228，文本数为 14 262，频序为 600，主要用于"槟城、槟州、槟岛、槟榔、香槟"等词语中。

"迪"的频次为 52 069，文本数为 11 342，频序为 674，主要用于"马哈迪、弗连迪纳、庄迪澎、迪拜、巴拉迪、肯尼迪、迪士尼"等词语中。

"兹"的频次为 28 826，文本数为 10 634，频序为 948，主要用于"阿兹、纳兹里、聂阿兹、旺阿兹莎、阿兹拉、阿兹米、爱德华兹、阿齐兹、乌兹别克"等词语中。

第三节　前 7 000 字与《现代汉语通用字表》的比较

华文语料中前 7 000 字与《现代汉语通用字表》用字（7 000 字）的比较数据如表 21 所示：

表 21　华文语料中前 7 000 字与《现代汉语通用字表》的比较

范围	独用字数	华文语料独用字
1 000	0	
3 000	10	峇 後 堃 荭 喆 钜 婵 锺 飚 镕

（续上表）

范围	独用字数	华文语料独用字
5 000	240	镇 谘 來 為 學 華 哒 瘵 扞 楂 内 垙 國 爲 佈 樋 市 峗 昇 迳 蒐 玟 勳 粿 㑔 發 決 峻 並 紮 箱 會 別 伵 將 鎔 玹 師 舖 對 碁 捱 屍 這 與 璿 長 饰 癒 国 採 暐 晢 時 堀 馬 慾 券 崧 崑 況 產 跧 們 浿 語 係 該 業 關 復 數 蹟 叡 導 個 資 跫 過 員 吒 車 闗 絪 沒 計 佔 森 嬟 拋 嶹 陞 準 過 進 週 換 題 蠍 獲（前100）
7 000	899	標 魷 蒼 羅 告 傷 騎 視 職 繼 歛 檪 椏 錯 诶 篠 屆 難 隨 鎗 邨 萊 沬 歲 旼 峽 陸 軍 責 負 訴 號 級 濟 協 筅 達 費 議 處 葍 玘 兹 教 埱 唰 點 駁 佳 鉉 輔 諎 許 託 舉 鬠 篴 畫 浼 欸 權 專 嘈 冊 鄉 脫 聞 璍 濛 虈 弯 島 屍 團 則 隻 鐵 質 籲 坤 淯 壯 咁 備 廉 鳳 鎮 錄 郵 輛 證 納 約 築 畢 樂 媞 妳 呒 顯（前100）

华文语料中频率前3 000的汉字中,"峇、後、堃、菸、喆、钜、嫷、锺、飚、镕"没有在《现代汉语通用字表》中出现。

其中,"峇、飚、钜、锺"为规范字,"堃、菸、喆、镕"为异体字,"後、嫷"为繁体字。

1. 规范字

"峇"在华文语料中共使用12 244次,在4 628个文本中出现,在总字表中排在第1 481位,主要用于"峇厘岛、峇峇、峇迪"等有东南亚地域特色的词语中。

"飚"在华文语料中共使用503次,在369个文本中出现,在总字表中排在第3 192位,主要用于"飚车党、柴飚、马飚"等词语中。

"钜"字在华文语料中共使用587次,在429个文本中出现,在总字表中排在第3 086位。"钜"字主要用于人名和机构名,如"胡钜发、钜能化油",也有部分用于"钜额、钜款、钜子、艰钜"等词语。

"锺"字在华文语料中共使用553次,在350个文本中出现,在总字表中排在第3 175位。"锺"字主要用于地名、人名、机构名中,如"锺欣桐",部分用于常用词中，如"锺情、铜锺、情有独锺、分锺、锺爱"等词语。

2. 异体字

"堃"字在华文语料中共使用 2 657 次，在 1 027 个文本中出现，在总字表中排在第 2 254 位。"堃"字全部用于人名，如"游锡堃"等。

"菸"字在华文语料中共使用 2 234 次，在 322 个文本中出现，在总字表中排在第 2 351 位。"菸"字用于"吸菸、禁菸、香菸"等等。

"喆"字在华文语料中共使用 615 次，在 224 个文本中出现，在总字表中排在第 3 086 位。"喆"字主要用作人名，如"陶喆（486 次）、黄喆宇（7 次）、冯喆（5 次）、王喆（5 次）"等。

"镕"主要是人名"朱镕基"的用字。

3. 繁体字

在华文语料中，"後"基本上是用于表示时间先后的"后"，"嬅"则全是"杨千嬅"或"千嬅"的姓名用字。

第六章　华文语料非规范字使用分类研究

本章主要对华文语料的繁体字、异体字、其他字中的旧印刷字形、旧计量用字和日本汉字进行了用字分析，如这些非规范字在华文语料中的来源分析、例字详细分析以及与监测语料的共用独用分析，并且将其与监测语料进行了对比。

第一节　繁体字使用情况研究

一、概况

华文语料中，繁体字总频次为 20 831，字种数为 858，所有繁体字共出现文本数为 8 566；繁体字总频次在汉字总频次中所占比例为 0.01%，总字种数在汉字总字种数中所占比例为 10.18%；繁体字总频次在非规范字的总频次中所占比例为 57.73%，总字种数在非规范字总字种数中所占比例为 68.31%。从频次上来看，繁体字在本次调查的华文语料所有汉字中使用的次数非常少，但是用到的繁体字字种数相对比较多。在所有非规范字中，繁体字使用的次数比例和字种数比例都是最高的。

监测语料中，繁体字总频次为 31 512，繁体字字种数为 1 181，繁体字总频次占汉字总频次的比例为 0.00%，占非规范字总频次的比例为 26.91%。繁体字字种数占汉字字种数的比例为 10.01%，占非规范字字种数的比例为 59.62%。

表 22 是二者繁体字的基本情况对比：

表 22　繁体字基本情况对比

语料	频次	频次比例（%）		字种数	字种数比例（%）	
		在汉字总表中①	在非规范字中		在汉字总表中	在非规范字中
华文语料	20 831	0.01	57.73	858	10.18	68.31
监测语料	31 512	0.00	26.91	1 181	10.01	59.62

---

①　指所有汉字构成的字表，包括规范字和非规范字。下同。

从表 22 可以看到，在汉字总表中，华文语料的繁体字频次比例比监测语料的高 0.01%，在非规范字中，华文语料的繁体字频次比例是监测语料的两倍多。无论是在汉字总表中还是在非规范字中，华文语料和监测语料的繁体字字种数比例都相差不大。

二、华文语料和监测语料繁体字使用对比

表 23 列举了前十位的繁体字使用情况：

表 23 频率前十位的繁体字使用情况

华文语料				监测语料			
汉字	频序	频次	文本数	频率（%）①	汉字	频序	频次	文本数	频率（%）②
後	1 823	5 585	2 622	26.81	濛	3 741	7 460	1 859	23.67
來	3 051	652	128	3.13	嬅	4 190	3 884	1 029	12.33
嬅	3 125	570	141	2.74	後	4 593	2 035	1 016	6.46
華	3 336	412	7	1.98	蟯	5 261	628	323	1.99
學	3 362	394	18	1.89	迴	5 363	528	237	1.68
爲	3 536	301	37	1.44	暐	5 380	510	400	1.62
國	3 782	194	42	0.93	馭	5 557	365	176	1.16
鎔	3 846	172	40	0.83	係	5 567	357	119	1.13
將	3 943	146	56	0.70	鑢	5 654	301	78	0.96
師	3 963	140	9	0.67	鮰	5 721	259	72	0.82

从表 23 可以看到，二者的前十个繁体字中，只有"後、嬅"均有出现，而且都排在前三位。在华文语料中，"後"基本上是用于表示时间先后的"后"，"嬅"则全是"杨千嬅"或"千嬅"的姓名用字。

监测语料中前十个繁体字的总频率为 51.82%，主要以人名等专名用字为主，典型的如"濛、嬅、蟯、暐、馭、鑢、鮰"，其中又以人名用字占绝大多数。在正常的行文中，常用字的繁体字形式很少。

华文语料中前十个繁体字的总频率为 41.12%，部分为人名等专名用字，典

---

① 在华文语料繁体字中的频率。
② 在监测语料繁体字中的频率。

型的如"婵、鎔",但是其余大部分是常用字的繁体字形式,用在正常的行文中。例如,一个"後"字就占了所有繁体字频次的 1/4 以上。

这说明,在前十个高频繁体字中,在监测语料中,除了不得已将繁体字用在人名等专名中之外,在正常的行文中很少主动使用常用字的繁体形式,文字使用更规范。而在华文语料中,相对于监测语料,其繁体字的使用更随意,规范性更低。

三、华文语料繁体字的来源和分类

1. 各媒体繁体字的来源情况

华文语料来源于七个报纸和网站,这些报纸和网站使用繁体字的具体情况按来源语料统计了繁体字的频次和字种数及其各自的比例后,如表 24 所示:

表 24　华文语料中七种媒体的繁体字来源情况

来源语料	频次	字种数	文本数	频次比例1(%)①	字种数比例1(%)②	频次比例2(%)③	字种数比例2(%)④
《联合早报》	7 866	393	2 503	0.01	5.61	37.76	45.80
马新社中文网	6 943	404	288	0.05	7.98	33.33	47.09
独立新闻在线	2 710	325	574	0.02	5.85	13.01	37.88
亚洲新闻网	1 593	174	529	0.00	3.13	7.65	20.28
《光华日报》电子新闻	1 286	42	233	0.00	0.73	6.17	4.90
《世界日报》	318	56	219	0.00	1.04	1.53	6.53
新动网	115	12	39	0.00	0.25	0.55	1.40

从表 24 可以看到,华文语料繁体字的频次中,37.76% 来自于《联合早报》,33.33% 来自于马新社中文网,二者合计为 71.09%。其余报纸和网络中,繁体字

---

① 占该来源语料中所有汉字总频次的比例。
② 占该来源语料中所有字种数的比例。
③ 占所有来源语料中繁体字总频次的比例。
④ 占所有来源语料中繁体字字种数的比例。由于每个来源语料中的字种数有交叉,此处的字种数比例之和大于 100%。

使用得较少。从媒体内部的繁体字使用频次比例来看，马新社中文网的频次比例最高，为0.05%，独立新闻在线和《联合早报》次之，分别为0.02%和0.01%，其他媒体皆为0.00%。

2. 各媒体繁体字使用的分类情况

七种媒体中，繁体字使用的具体情况如何呢？我们列出了这七种媒体各自的前十个繁体字，具体情况如表25所示：

表25　七种媒体各自的前十个繁体字

《联合早报》			独立新闻在线			《光华日报》电子新闻			马新社中文网			《世界日报》			新动网			亚洲新闻网		
字	频序	频率①	字	频序	频率	字	频序	频率	字	频序	频率	字	频序	频率	字	频序	频率	字	频序	频率
後	1 243	72.71	來	1 578	21.84	媫	2 385	67.93	華	1 564	7.02	瀫	2 923	22.01	媫	2 460	79.13	後	2 177	51.36
爲	2 877	4.43	後	2 321	5.50	暐	3 271	14.14	學	1 638	6.30	鬮	2 945	21.07	嬟	3 913	5.22	嬟	3 091	9.57
鎔	3 185	2.60	將	2 400	4.59	罃	4 067	3.21	後	1 795	4.54	懰	3 346	10.06	暐	4 172	2.61	缸	4 007	1.71
嬟	3 731	1.05	係	2 539	3.46	嬭	4 296	2.04	來	2 067	2.76	錫	3 602	6.60	樫	4 225	2.61	爲	4 137	1.21
棠	3 904	0.81	復	2 555	3.36	讉	4 354	1.75	國	2 090	2.64	鋐	3 873	4.09	濚	4 298	1.74	國	4 197	1.11
産	4 144	0.56	靂	2 809	2.08	鋐	4 557	1.17	師	2 152	2.28	缸	3 972	3.46	馭	4 330	1.74	島	4 261	1.01
歷	4175	0.53	韓	2 813	2.08	躂	4 599	1.02	這	2 266	1.78	曚	4 105	2.52	缸	4 437	1.74	會	4 306	0.91
鱗	4 234	0.46	狀	2 853	1.89	涮	4 937	0.58	馬	2 288	1.73	禈	4 287	1.87	慶	4 529	0.87	鐏	4 317	0.81
説	4 256	0.45	滿	2 862	1.89	濛	5 021	0.44	語	2 294	1.71	錡	4 569	0.94	嬭	4 690	0.87	長	4 368	0.81
鮋	4 288	0.42	帶	2 869	1.89	絖	5 038	0.43	發	2 303	1.69	鮓	4 665	0.63	鏸	4 743	0.87	馬	4 407	0.81

从频率来看，新动网的繁体字使用次数最集中，一个"媫"字就占了79.13%；《联合早报》次之，"後"字占了72.71%；《光华日报》电子新闻中"媫"占了67.93%；亚洲新闻网中"後"占了51.36%；独立新闻在线、《世界日报》则相对分散；而马新社中文网更分散，排在第一位的"華"只占7.02%。

《联合早报》中，"鎔、嬟、鱗"三个字主要用于人名等专名中，其他是常用字。

独立新闻在线中，"靂、韓"是地名用字，其余全部是常用字。

《光华日报》电子新闻中，皆为人名等专名用字。

马新社中文网中，"華、馬"是专名用字，如"華社、马来、马英九"等，其余全部是常用字。

———————————

① 占该来源语料中繁体字总频次的比例。本表中其他"频率"同此。

《世界日报》中，"錫、鉉"主要用于人名等专名中，其余全部是常用字。

新动网中，"舡"主要用于常用字中，其他是人名等专名用字。

亚洲新闻网中，"嬅、鐏"两个字主要用于人名等专名中，其他是常用字。

四、华文语料和监测语料中繁体字共用独用分析

1. 汉字覆盖率为90%时的共用独用分析

当汉字覆盖率为90%时，华文语料共用到繁体字字种219个，监测语料共用到繁体字字种309个，二者的共用和独用情况，具体如表26所示：

表26　华文语料和监测语料中繁体字的共用独用分析（汉字覆盖率为90%时）

语料	字种数	共用字种数	独用字种数（独用率）
华文语料	219	112	107（48.86%）
监测语料	309		197（63.75%）

二者共用字种数为112，按华文语料字表的频率从高到低排列，前十个如下：

後　來　嬅　華　爲　國　鎔　將　師　曄

监测语料独用字种数为197，按监测语料字表的频率从高到低排列，前十个如下：

蟯　鐠　鮰　鱉　訢　睨　録　瑩　蘋　燦

华文语料独用字种数为107，按华文语料字表的频率从高到低排列，前十个如下：

學　嫿　闔　導　問　應　狀　靋　總　獲

2. 全部繁体字的独用共用分析

全部语料中，华文语料共用到繁体字字种858个，监测语料共用到繁体字字

种 1 181 个，二者的共用和独用情况，具体如表 27 所示：

表 27　华文语料和监测语料中繁体字的共用独用分析（全部）

语料	字种数	共用字种数	独用字种数（独用率）
华文语料	858	623	235（27.39%）
监测语料	1 181		558（47.25%）

二者共用字种数为 623，按华文语料字表的频率从高到低排列，前十个如下：

　　後　來　嬅　華　學　爲　國　鎔　發　將

东南亚独用字种数为 235，按华文语料字表的频率从高到低排列，前十个如下：

　　導　婷　撥　髒　搶　嵤　畢　績　灣　欄

监测语料独用字种数为 558，按监测语料字表的频率从高到低排列，前十个如下：

　　蟯　鮰　鰲　睨　燦　噁　夒　鴉　頤　瓅

3. 二者的频序比分析

将考察范围内的繁体字的频序比从低到高排列，可以得到华文语料频序与监测语料相差较大的繁体字，这在一定程度上反映了华文语料繁体字用字的特点。

将二者的频序比从低到高排列，下面是排在前十位的华文语料中的繁体字：

　　後　學　華　爲　狀　來　臨　針　鬩　劃

五、华文语料前十个繁体字的分析

"嬅、鎔"两个字都是在人名中使用，这里不再做分析，其他八个字的使用情况如下：

1. 後

"後"字在华文语料中的频次为 5 585，排在汉字总表的第 1 823 位，共出现在 2 622 个文本中，在繁体字中的频率为 26.81%。

"後"字在华文语料中的组词①（含单用，下同）前十位如下：

A. 後（频序 2 501，频次 5 454，文本数 2 589）
B. 延後（频序 137 485，频次 4，文本数 4）
C. 後援（频序 146 213，频次 4，文本数 2）
D. 战後（频序 156 506，频次 4，文本数 4）
E. 後院（频序 185 278，频次 3，文本数 3）
F. 向後（频序 212 844，频次 2，文本数 2）
G. 随後（频序 215 658，频次 2，文本数 2）
H. 稍後（频序 263 992，频次 2，文本数 2）
I. 後市（频序 268 173，频次 2，文本数 2）
J. 明後天（频序 286 935，频次 1，文本数 1）

例句如下：

A. 这意味着，任何获得颁赐森州勋衔者，如在 2004 年 6 月之後被法庭宣判有罪，我们会采取行动，之前的就不会。（马新社中文网）

B. 他说，大马高级教育文凭（HSC）及大学预科考试享有平等地位，但却造成极大的偏差，前者的考试比後者的难度高得多。（马新社中文网）

C. 国际油价已连续多个交易日上涨，其背後原因是市场对下半年供应形势又感悲观。（亚洲新闻网）

"後"的正字"后"在华文语料中频序为 42，频次为 493 011，文本数为 177 059，组词的前十位如下：

A. 后（频序 29，频次 250 053，文本数 127 073）

---

① 由于自动分词难以切分出含繁体字的词语，本书中凡是繁体字组成的词语及其出现次数都是人工从语料中归纳出来的。对应的含正字的词语及其次数都取自自动分词的结果，可能存在错误。下同。

B. 之后（频序 306，频次 43 262，文本数 32 391）

C. 最后（频序 335，频次 38 806，文本数 28 193）

D. 然后（频序 950，频次 14 826，文本数 12 423）

E. 后来（频序 1 269，频次 11 234，文本数 9 226）

F. 随后（频序 1 321，频次 10 895，文本数 9 504）

G. 过后（频序 1 356，频次 10 649，文本数 9 095）

H. 以后（频序 1 399，频次 10 368，文本数 8 162）

I. 今后（频序 1 801，频次 7 978，文本数 6 448）

J. 后者（频序 2 037，频次 6 870，文本数 5 808）

2. 來

"來" 字在华文语料中的频次为 652，排在汉字总表的第 3 051 位，共出现在 128 个文本中，在繁体字中的频率为 3.13%。

"來" 字在华文语料中的组词前九位如下：

A. 來（频序 11 335，频次 624，文本数 134）

B. 马來亚联邦（频序 86 157，频次 11，文本数 4）

C. 馬來文（频序 109 601，频次 7，文本数 1）

D. 马來亚民主同盟（频序 131 673，频次 5，文本数 3）

E. 馬來国民党（频序 204 789，频次 2，文本数 2）

F. 马來亚共产党（频序 283 047，频次 3，文本数 3）

G. 馬來文（频序 332 575，频次 1，文本数 1）

H. 馬來民族中心（频序 456 041，频次 1，文本数 1）

I. 馬來半岛（频序 534 099，频次 1，文本数 1）

例句如下：

A. 公共信托将价值 9 650 万令吉的 Dana13 办公楼出租给新芬尼后，该公司未来 10 年的平均净回酬预料可攀升至 7.8%。（马新社中文网）

B. 推介仪式过后是万人参与的彩荟之舞蹈，它融合我国三大民族优美舞姿，加上各族独有的文化色彩，可谓是代表多元化的马來西亚之舞。（马新社中文网）

C. 军人政府在戒严法令下宣布关闭政府机关、银行、学校并下令股市今天停止交易，泰铢受到拖累，在纽约创下 3 年來最大單日跌幅。（亚洲新闻网）

"來"的正字"来"在华文语料中频序为28，频次为632 391，文本数为188 842，组词的前十位如下：

A. 来（频序 55，频次 154 245，文本数 86 130）
B. 马来西亚（频序 258，频次 49 700，文本数 19 817）
C. 未来（频序 339，频次 38 304，文本数 25 856）
D. 来自（频序 344，频次 37 767，文本数 28 555）
E. 以来（频序 471，频次 28 400，文本数 22 722）
F. 带来（频序 499，频次 26 894，文本数 20 780）
G. 出来（频序 798，频次 17 349，文本数 13 601）
H. 起来（频序 981，频次 14 444，文本数 11 523）
I. 越来越（频序 1 005，频次 14 195，文本数 10 570）
J. 后来（频序 1 269，频次 11 234，文本数 9 226）

3. 華

"華"字在华文语料中的频次为412，排在汉字总表的第3 336位，共出现在7个文本中，在繁体字中的频率为1.98%。

"華"字在华文语料中的组词前四位如下：

A. 華（频序 14 802，频次 396，文本数 8）
B. 華社（频序 118 135，频次 8，文本数 2）
C. 華文（频序 290 820，频次 4，文本数 4）
D. 白德華（频序 325 875，频次 1，文本数 1）

例句如下：

A. 在華小除了馬來文和英文科，其他科目都必須以華文進行教學，試問不諳華文的老師如何有效輔導學生的各個科目？（马新社中文网）
B. 所以華社必須要對各項措施提高警惕，以作出及時的回應。（马新社中文网）

"華"的正字"华"在华文语料中频序为115，频次为297 213，文本数为80 267，组词的前十位如下：

A. 华（频序 222，频次 54 739，文本数 14 552）

B. 安华（频序 682，频次 20 065，文本数 3 470）

C. 华人（频序 885，频次 15 835，文本数 6 883）

D. 华盛顿（频序 1 070，频次 13 185，文本数 9 299）

E. 华裔（频序 1 231，频次 11 560，文本数 5 685）

F. 新华社（频序 1 262，频次 11 284，文本数 9 386）

G. 马华（频序 1 467，频次 9 863，文本数 4 089）

H. 华文（频序 1 802，频次 7 968，文本数 2 454）

I. 中华民国（频序 1 962，频次 7 144，文本数 2 369）

J. 华社（频序 2 370，频次 5 816，文本数 2 640）

4. 學

"學"字在华文语料中的频次为 394，排在汉字总表的第 3 362 位，共出现在 18 个文本中，在繁体字中的频率为 1.89%。

"學"字在华文语料中的组词前五位如下：

A. 學（频序 15 260，频次 375，文本数 25）

B. 學校（频序 120 032，频次 18，文本数 8）

C. 大學（频序 531 412，频次 3，文本数 3）

D. 道家哲學（频序 292 214，频次 2，文本数 2）

E. 中學教育體系（频序 321 670，频次 1，文本数 1）

例句如下：

A. 正因為還有這些學校的支持，激勵了我們繼續做下去。（马新社中文网）

B. 我們認為，所有源流學校都是平等的，國家教育政策絕對不能有主次之分。（马新社中文网）

C. 他举例表示，去年 9 月到中国空军的空军战争學院访问时，与中方没有很多坦白的讨论。（亚洲新闻网）

"學"的正字"学"在华文语料中频序为 114，频次为 298 416，文本数为 61 031，组词的前十位如下：

A. 学生（频序 251，频次 50 426，文本数 13 742）

B. 学校（频序 506，频次 26 570，文本数 9 892）

C. 大学（频序 696，频次 19 694，文本数 7 942）

D. 学习（频序 997，频次 14 290，文本数 7 980）

E. 学者（频序 1 575，频次 9 161，文本数 5 345）

F. 学（频序 1 673，频次 8 659，文本数 5 437）

G. 科学（频序 1 982，频次 7 049，文本数 4 084）

H. 学院（频序 1 984，频次 7 046，文本数 3 167）

I. 小学（频序 2 479，频次 5 518，文本数 2 986）

J. 中学（频序 2 717，频次 4 955，文本数 2 737）

5. 爲

"爲"字在华文语料中的频次为 301，排在汉字总表的第 3 536 位，共出现在 37 个文本中，在繁体字中的频率为 1.44%。

"爲"主要单用。

例句如下：

A. 如今的每一天，柯女士都凌晨早起，爲了准備每天售賣的麵包，辛辛苦苦地日夜勞碌，只因爲照顧一家，同时，撫養年纪尚小的女兒。（马新社中文网）

B. 泰国国王普密蓬·阿杜德于 22 日签署御令，任命颂提上将爲国家管理改革委员会的主席，并要求所有的政府公务员听从颂提的指挥。（《世界日报》）

"爲"的规范字"为"在华文语料中频序为 13，频次为 884 748，文本数为 218 770，组词的前十位如下：

A. 为（频序 20，频次 318 404，文本数 140 751）

B. 因为（频序 73，频次 123 200，文本数 76 448）

C. 认为（频序 84，频次 110 829，文本数 61 856）

D. 成为（频序 156，频次 69 340，文本数 44 448）

E. 为了（频序 243，频次 51 435，文本数 38 233）

F. 作为（频序 333，频次 39 116，文本数 28 588）

G. 行为（频序 549，频次 24 659，文本数 15 628）

H. 为何（频序 1 215，频次 11 737，文本数 8 102）

I. 为止（频序 1 237，频次 11 528，文本数 10 297）

J. 为什么（频序 1 238，频次 11 525，文本数 7 643）

6. 國

"國"字在华文语料中的频次为194，排在汉字总表的第3 782位，共出现在42个文本中，在繁体字中的频率为0.93%。

"國"字在华文语料中的组词前九位如下：

A. 國（频序 19 402，频次 245，文本数 49）

B. 美國航空航天局（频序 191 923，频次 3，文本数 1）

C. 國家選委（频序 304 252，频次 1，文本数 1）

D. 國民党（频序 331 427，频次 1，文本数 1）

E. 國選委（频序 472 640，频次 1，文本数 1）

F. 中國文化中心（频序 474 901，频次 1，文本数 1）

G. 法國農業部（频序 510 007，频次 1，文本数 1）

H. 國民服務理事会（频序 601 582，频次 1，文本数 1）

I. 泰國合艾市（频序 644 721，频次 1，文本数 1）

例句如下：

A. 外界都在猜测这名可能代表公正党出征的候选人，在这当中，要以曾经担任國民信托基金主席的公正党现任总财政丹斯里卡立依布拉欣的呼声最高。（马新社中文网）

B. 而教總，作為華校校长和教师的全國性组织，肯定也會因此而直接受到影響。（马新社中文网）

"國"的正字"国"在华文语料中频序为2，频次为1 955 671，文本数为221 744，组词的前十位如下：

A. 中国（频序 17，频次 357 245，文本数 64 318）

B. 美国（频序 34，频次 229 207，文本数 55 635）

C. 国家（频序 54，频次 156 521，文本数 65 510）

D. 国（频序 62，频次 136 037，文本数 44 298）

E. 国际（频序 112，频次 90 488，文本数 45 134）

F. 泰国（频序 210，频次 56 749，文本数 22 160）

G. 我国（频序 268，频次 47 922，文本数 20 324）

H. 国会（频序 290，频次 44 877，文本数 18 708）

I. 全国（频序 313，频次 42 326，文本数 25 349）

J. 国内（频序 322，频次 41 127，文本数 24 541）

7. 將

"將"字在华文语料中的频次为 146，排在汉字总表的第 3 943 位，共出现在 56 个文本中，在繁体字中的频率为 0.70%。

"將"字在华文语料中基本上都是单用。

例句如下：

A. 中文和日文的轉換將成為下一步的研究重點。（马新社中文网）

B. 新加坡偶像陶菲克將担任反吸烟大使。（亚洲新闻网）

"將"的正字"将"在华文语料中频序为 34，频次为 559 164，文本数为 182 868，组词的前十位如下：

A. 将（频序 9，频次 501 866，文本数 172 963）

B. 即将（频序 1 008，频次 14 146，文本数 12 338）

C. 将来（频序 2 484，频次 5 506，文本数 4 678）

D. 将近（频序 2 487，频次 5 495，文本数 5 034）

E. 上将（频序 2 679，频次 5 043，文本数 2 306）

F. 门将（频序 4 189，频次 2 787，文本数 1 686）

G. 将军（频序 4 831，频次 2 271，文本数 1 440）

H. 名将（频序 5 045，频次 2 132，文本数 1 386）

I. 中将（频序 5 239，频次 2 024，文本数 1 327）

J. 将领（频序 5 453，频次 1 920，文本数 1 186）

8. 師

"師"字在华文语料中的频次为 140，排在汉字总表的第 3 963 位，共出现在

9 个文本中，在繁体字中的频率为 0.67%。

"師"字在华文语料中基本上用在"老師、教師"等词语中。

例句如下：

A. 此外，針對一些教育局表示，是因為沒有華裔子弟申請，所以只好派馬來老師的談話。(马新社中文网)

B. 但是這些老師受訓回到學校後，卻發現其職位已被不諳華文的馬來老師取代。(马新社中文网)

C. 法新社报道指，退休法官廖昭辉和深圳资深拍卖師林某的拘捕，带出后来一连串的调查和拘捕。(亚洲新闻网)

"師"的正字"师"在华文语料中频序为 468，频次为 82 826，文本数为 34 037，组词的前十位如下：

A. 律师（频序 670，频次 20 402，文本数 8 626）

B. 教师（频序 1 549，频次 9 326，文本数 3 305）

C. 老师（频序 1 815，频次 7 897，文本数 3 396）

D. 师（频序 2 044，频次 6 837，文本数 4 038）

E. 分析师（频序 2 504，频次 5 447，文本数 3 548）

F. 医师（频序 4 201，频次 2 775，文本数 1 415）

G. 工程师（频序 4 889，频次 2 236，文本数 1 575）

H. 师资（频序 6 107，频次 1 648，文本数 740）

I. 大师（频序 6 194，频次 1 614，文本数 891）

J. 师生（频序 6 575，频次 1 478，文本数 959）

第二节　异体字使用情况研究

一、概况

在华文语料中，异体字总频次为 11 940，异体字字种数为 252，所有异体字共出现文本数为 4 408；异体字总频次占汉字总频次的比例为 0.01%，占非规范字总频次的比例为 33.09%；异体字字种数占汉字字种数的比例为 2.99%，占非规范字字种数的比例为 20.06%。

在监测语料中，异体字总频次为 69 567，异体字字种数为 481；异体字总频次占汉字总频次的比例为 0.00%，占非规范字总频次的比例为 59.42%；异体字字种数占汉字字种数的比例为 4.08%，占非规范字字种数的比例为 24.28%。

表 28 是二者异体字的基本情况对比：

表28　异体字基本情况对比

语料	频次	频次比例（%）		字种数	字种数比例（%）	
		在汉字总表中	在非规范字中		在汉字总表中	在非规范字中
华文语料	11 940	0.01	33.09	252	2.99	20.06
监测语料	69 567	0.00	59.42	481	4.08	24.28

从表 28 可以看到，在汉字总表中，华文语料的异体字频次比例高于监测语料，但在非规范字中，异体字频次比例则比监测语料的低 26.33%。无论是在汉字总表中还是非规范字中，华文语料的异体字字种数比例都低于监测语料。

二、华文语料和监测语料异体字使用对比

表 29 和表 30 列出了华文语料和监测语料覆盖率前 90% 的汉字中的异体字：

表29　华文语料覆盖率前90%的汉字中的异体字（共45字）

字	频序	频次	文本数	频率①	字	频序	频次	文本数	频率	字	频序	频次	文本数	频率
埜	2 254	2 657	1 027	22.25	癒	4 016	129	98	1.08	蠆	4 460	63	14	0.53
蒞	2 351	2 234	322	18.71	採	4 059	123	79	1.03	揹	4 469	63	46	0.53
喆	3 086	615	224	5.15	皙	4 090	117	106	0.98	準	4 481	61	36	0.51
扞	3 403	368	264	3.08	憇	4 099	115	67	0.96	裡	4 526	57	35	0.48
佈	3 539	299	169	2.50	屍	4 110	113	63	0.95	仝	4 530	56	38	0.47
牠	3 593	273	113	2.29	崑	4 116	112	54	0.94	銀	4 541	55	44	0.46
昇	3 597	271	121	2.27	況	4 122	111	43	0.93	夠	4 555	54	15	0.45
蒐	3 652	247	154	2.07	劵	4 152	106	29	0.89	燻	4 638	47	26	0.39

---

① 指在所有异体字总频次中的频率（省略了%）。表29、表30中的其他"频率"同此。

（续上表）

字	频序	频次	文本数	频率	字	频序	频次	文本数	频率	字	频序	频次	文本数	频率
勷	3 752	202	82	1.69	叡	4 268	87	38	0.73	週	4 646	46	35	0.39
决	3 761	199	45	1.67	躓	4 276	86	56	0.72	倂	4 689	44	27	0.37
並	3 912	153	87	1.28	吒	4 322	79	68	0.66	坵	4 723	41	12	0.34
紮	3 926	149	100	1.25	細	4 344	76	47	0.64	強	4 771	37	17	0.31
舖	3 932	148	98	1.24	佔	4 409	68	40	0.57	塜	4 785	36	15	0.30
璿	4 005	131	16	1.10	陞	4 437	65	48	0.54	啟	4 812	35	14	0.29
碁	4 012	130	39	1.09	森	4 453	64	50	0.54	眾	4 807	35	23	0.29

从表 29 中的异体字来看，华文语料中的部分异体字是人名和品牌机构名用字，典型的如"塱、喆、璿、碁、皙、叡、吒、陞、森、仝"。其中，部分人名和品牌机构名用字同时也是常用字。其余大部分是常用字的异体字形式，用在正常的行文中。

表 30　监测语料覆盖率前 90% 的汉字中的异体字（共 39 字）

字	频序	频次	文本数	频率	字	频序	频次	文本数	频率	字	频序	频次	文本数	频率
森	3 139	17 939	7 868	25.79	嘅	5 456	443	108	0.64	焰	5 750	243	183	0.35
喆	3 378	12 514	6 674	17.99	崑	5 468	435	211	0.63	龢	5 759	237	90	0.34
塱	3 812	6 685	4 365	9.61	槼	5 471	434	235	0.62	闍	5 800	218	62	0.31
碁	4 007	4 980	1 290	7.16	妳	5 482	423	193	0.61	侣	5 821	212	182	0.30
皙	4 209	3 795	3 141	5.46	嗽	5 493	410	348	0.59	砦	5 845	201	117	0.29
仝	4 614	1 975	769	2.84	甦	5 522	393	293	0.56	券	5 859	195	155	0.29
吒	4 618	1 968	1 186	2.83	頬	5 523	393	148	0.56	湧	5 896	183	87	0.26
琍	4 802	1 463	327	2.10	霭	5 616	320	144	0.46	犇	5 903	181	110	0.26
昇	4 829	1 397	637	2.00	蹬	5 645	305	261	0.44	絜	5 967	163	95	0.23
畊	5 057	919	207	1.32	甯	5 657	296	78	0.42	菴	5 973	162	93	0.23
邨	5 178	742	322	1.07	洒	5 664	292	147	0.42	栢	5 986	158	66	0.23
樑	5 258	629	315	0.90	啟	5 730	255	163	0.37	燊	5 991	158	75	0.23
塚	5 331	558	233	0.80	咲	5 741	248	105	0.36	暎	6 054	141	69	0.20

从表 30 中的异体字来看，监测语料中的异体字主要以人名用字、品牌机构名用字为主，典型的如"森、喆、塱、皙、仝、吒、琍、樑、崑、槼、甦、頬、

霈、甯、迺、咲、炤、鰦、倡、砦、湧、犇、碁、栢、舜",其中又以人名用字占绝大多数。在正常的行文中,常用字的异体字形式很少。

以上结果说明,在监测语料中,除了不得已在人名等专名中使用异体字之外,在正常的行文中很少主动使用常用字的异体字形式,文字使用更规范;相对于监测语料,华文语料中的异体字使用则更随意,规范性更低。

三、华文语料异体字的来源和分类

1. 各媒体异体字的来源情况

华文语料来源于七个报纸和网站,这些报纸和网站使用异体字的具体情况按来源语料统计了异体字的频次和字种数及其各自的比例,如表31所示:

表31 华文语料中七种媒体的异体字来源情况

来源语料	频次	字种数	文本数	频次比例1(%)①	字种数比例1(%)②	频次比例2(%)③	字种数比例2(%)④
《联合早报》	4 716	178	2 019	0.01	2.54	39.50	70.63
《世界日报》	3 586	62	1 081	0.02	1.15	30.03	24.60
独立新闻在线	1 470	113	556	0.01	2.04	12.31	44.84
亚洲新闻网	820	53	366	0.00	0.95	6.87	21.03
《光华日报》电子新闻	765	22	314	0.00	0.38	6.41	8.73
马新社中文网	351	45	72	0.00	0.89	2.94	17.86
新动网	212	10	85	0.00	0.21	1.78	3.97

从表31可以看到,华文语料异体字的频次中,39.50%来自于《联合早报》,30.03%来自于《世界日报》,二者合计为69.53%,其余报纸和网站中,异体字使用的较少。从媒体内部的异体字使用频次比例来看,《世界日报》的频次比例

① 占该来源语料中所有汉字总频次的比例。
② 占该来源语料中所有字种数的比例。
③ 占所有来源语料中异体字总频次的比例。
④ 占所有来源语料中异体字字种数的比例。由于每个来源语料中的字种数有交叉,所以此处的字种数比例之和大于100%。

最高，为 0.02%；《联合早报》和独立新闻在线次之，均为 0.01%；其他媒体皆为 0.00%。

2. 各媒体异体字使用的分类情况

华文语料中七种媒体的异体字使用具体情况，以各自前十个异体字为代表，如表 32 所示：

表32 七种媒体各自的前十个异体字

《联合早报》			独立新闻在线			《光华日报》电子新闻			马新社中文网			《世界日报》			新动网			亚洲新闻网		
字	频序	频率[①]	字	频序	频率	字	频序	频率	字	频序	频率	字	频序	频率	字	频序	频率	字	频序	频率
堃	1 740	43.11	佈	1 855	18.64	喆	2 537	46.54	並	2 717	12.82	菾	1 094	62.82	喆	2 219	64.15	堃	2 191	60.37
蒐	2 968	05.38	決	2 096	11.77	堃	2 857	26.41	夠	2 839	09.97	扡	2 236	06.86	堃	2 803	22.64	喆	2 792	19.39
昇	2 978	05.34	採	2 365	07.21	吒	3 734	05.62	疋	3 043	06.55	扞	2 528	04.13	皙	3 412	7.55	皙	3 574	4.63
扦	3 033	04.83	並	2 424	06.40	皙	3 789	05.10	卻	3 155	05.41	癒	2 644	03.33	吒	4 148	1.42	碁	3 797	3.05
勳	3 082	04.43	況	2 434	06.26	叡	3 884	04.31	決	3 160	05.41	舖	2 838	02.32	叡	4 354	0.94	吒	4 271	1.10
璿	3 359	02.70	佔	2 721	03.54	券	4 005	03.40	況	3 201	05.13	綑	2 958	01.89	嘅	4 414	0.94	昇	4 395	0.85
屍	3 419	02.46	準	2 833	02.86	森	4 228	02.09	强	3 261	04.56	揹	3 012	01.75	券	4 418	0.94	浅	4 445	0.73
喆	3 469	02.21	週	2 834	02.86	憨	4 438	01.31	裡	3 268	04.56	紮	3 015	01.69	薙	4 580	0.47	邨	4 569	0.61
紮	3558	01.95	裡	2 884	02.65	仝	4 651	00.78	啟	3 296	04.27	饅	3 050	01.58	嘛	4 710	0.47	扡	4 623	0.49
蹟	3 576	01.88	併	2 892	02.65	甯	4 669	00.78	佈	3 369	03.99	慾	3 147	01.35	邨	4 792	0.47	菾	4 738	0.37

《联合早报》中，"堃、昇、勳、璿、喆"五个字主要用于人名等专名中，其他是常用字。

独立新闻在线中，全部是常用字。

《光华日报》电子新闻中，只有"券"一字是常用字，其他皆为人名等专名用字。

马新社中文网中，全部是常用字。

《世界日报》中，全部是常用字。

新动网中，"喆、堃、皙、吒、叡、薙"六个字主要用于人名等专名中，其他是常用字。

亚洲新闻网中，"堃、喆、皙、碁、吒、昇"六个字主要用于人名等专名中，其他是常用字。

---

① 占该来源语料中异体字总频次的比例。本表中其他"频率"同此。

可以看到，新加坡的三个媒体：《联合早报》、新动网、亚洲新闻网的异体字主要以人名用字为主，在正常的行文中则很少主动使用常用字的异体字形式，文字使用更规范。

其他四个媒体中，大部分是将常用字的异体字形式用在正常的行文中，反映出其用字更随意，文字使用规范性更低。

四、华文语料和监测语料异体字共用独用分析

1. 汉字覆盖率为90%时的共用独用分析

汉字覆盖率达到90%时，华文语料的高频异体字共45个，监测语料的高频异体字共39个。二者的共用和独用情况如表33所示：

表33　华文语料和监测语料共用独用异体字分析（覆盖率为90%时）

语料	字种数	共用字种数	独用字种数（独用率）
华文语料	45	12	33（73.33%）
监测语料	39		27（69.23%）

二者共用异体字12个，按华文语料字表排序，频次从高到低排列如下：

堃　喆　昇　碁　晳　崑　券　吒　淼　仝　塚　啟

共用的异体字中，除了"券、啟"外，都是人名等专名用字。

华文语料独用的异体字共33个，按华文语料字表排序，频次从高到低排列如下：

菻　扞　佈　扡　蒐　勳　决　並　絜　舖　璿　癒　採　慾　屍　況　叡
蹟　細　佔　陞　蠍　揩　凖　裡　餵　夠　燻　週　併　圠　強　眾

华文语料独用的异体字中，除"璿、叡"用作人名用字外，其余都是常用字的异体字形式。

监测语料独用的异体字共27个，按监测语料字表排序，频次从高到低排列如下：

琍　畊　邨　樑　嘅　桀　妳　噘　甦　羵　霑　蹚　甯　迺　咲　炤　龢
闇　佀　砦　湧　犇　絜　菴　栢　粦　暎

监测语料独用的异体字中，主要以人名用字为主，在正常的行文中，常用字的异体字形式很少。

2．全部异体字的共用独用分析

对于华文语料和监测语料中所有的异体字，我们进行了共用和独用的分析。二者的共用和独用情况如表34 所示：

表34　华文语料和监测语料共用独用异体字分析（全部）

语料	字种数	共用字种数	独用字种数（独用率）
华文语料	252	220	32（12.70%）
监测语料	481		261（54.26%）

二者共用的异体字共220 个，按华文语料字表排序，频次从高到低排列，前十个如下：

堃　菸　喆　扞　佈　牠　昇　蒐　勳　决

监测语料独用的异体字共261 个，按监测语料字表排序，频次从高到低排列，前十个如下：

羵　佀　犇　絜　窻　孃　栞　秈　噉　驩

华文语料独用的异体字共32 个，按华文语料字表排序，频次从高到低排列，前十个如下：

歛　歎　剷　嫺　齶　瘉　傚　烖　廂　羶

3．二者的频序比分析

华文语料独用的异体字反映的是华文语料的特有用字情况，为了对华文语料和监测语料共用的异体字进行对比，更全面地反映华文语料异体字的使用特色，我们对二者的前 252 个异体字进行频序比计算。将考察范围内的异体字的频序比从低到高排列，可以得到华文语料出现频序与监测语料相差较大的异体字，这在一定程度上反映了华文语料异体字使用的特点。

按频序比从低到高排列，排在前 20 位的如下：

菸 扞 蒐 紮 舖 癒 蹟 佈 揹 璿 夠 勲 慾 决 牠 况 堃
並 採 併

五、华文语料前十个异体字分析

我们对华文语料中排在前十位的异体字进行简单的分析。

1. 堃

"堃"字在华文语料中共使用 2 657 次，在 1 027 个文本中出现，在总字表中排在第 2 254 位，在所有异体字中的频率为 22.25%。

"堃"字全部用于人名中，如"游锡堃"，共 2 397 次（含"游戏堃"4 次、"游錫堃"2 次），其他的人名如叶澍堃（38 次）、杨堃（25 次）、王登堃（5 次）、陈全堃（3 次）等。

在华文语料中，"堃"的正字"坤"共使用 8 242 次，频序为 1 590，文本数为 3 908。除了用于"乾坤"等词语外，也大多是用作人名，如江丙坤（频序 6 006，频次 1 683，文本数 523）、杨坤达（频序 13 413，频次 469，文本数 88），也有些用作地名，如坤甸（频序 31 928，频次 94，文本数 55）。

2. 菸

"菸"字在华文语料中共使用 2 234 次，在 322 个文本中出现，在总字表中排在第 2 351 位，在所有异体字中的频率为 18.71%。

"菸"字组成的词语如下①：

吸菸（405 次）　禁菸（214 次）　香菸（210 次）　菸草（200 次）
戒菸（74 次）　抽菸（65 次）　反菸（64 次）　菸酒（57 次）

① 由于自动分词难以切分出含异体字的词语，本书中凡是异体字组成的词语及其出现次数都是人工从语料中归纳出来的。对应的含正字的词语及其次数都取自自动分词的结果，可能存在错误。下同。

菸害（44 次）　　　菸民（44 次）　　　二手菸（35 次）　　　菸厂（31 次）
无菸（31 次）　　　大麻菸（27 次）　　卷菸（22 次）　　　2 手菸（21 次）
菸瘾（18 次）　　　菸盒（15 次）　　　菸砖（13 次）　　　洋菸（10 次）
无菸区（9 次）　　　菸商（8 次）　　　菸禁（7 次）　　　菸蒂（7 次）
菸枪（6 次）　　　　水菸筒（6 次）　　菸头（6 次）　　　菸灰缸（4 次）
菸尘（3 次）　　　　无菸日（3 次）　　菸味（2 次）　　　菸客（2 次）
抗菸（2 次）　　　　弃菸（1 次）　　　名菸（1 次）

例句如下：

A. 泰国政府为控制菸草消费进行多项限制，以保护非吸菸者的健康，同时进一步减少对青少年的引诱和侵害。（《世界日报》）

B. 他透过立法，使纽约市成为第 1 个在公开场所实施禁菸令的大都会；纽约市积极推动的戒菸计划，使约 120 万纽约菸民纷做弃菸打算。（《世界日报》）

C. 中东是仿冒汽车零件的最大收货地，拉丁美洲开发中经济体则是香菸私货最猖獗，所有国家都有假药，但非洲最严重。（《联合早报》）

在华文语料中，"烟"字共使用 17 491 次，频序为 1 189，在 5 650 个文本中出现，前十位的词语如下：

A. 香烟（频序 5 083，频次 2 106，文本数 604）

B. 吸烟（频序 6 829，频次 1 395，文本数 422）

C. 烟花（频序 6 872，频次 1 382，文本数 475）

D. 烟雾（频序 7 445，频次 1 222，文本数 550）

E. 烟草（频序 8 230，频次 1 048，文本数 402）

F. 烟火（频序 9 302，频次 855，文本数 399）

G. 浓烟（频序 9 610，频次 812，文本数 599）

H. 禁烟（频序 11 100，频次 648，文本数 167）

I. 抽烟（频序 11 353，频次 623，文本数 357）

J. 戒烟（频序 12 599，频次 520，文本数 161）

"菸"和"烟"字组词的对应词语情况如表 35 所示：

表35　"菸"和"烟"字组词的对应词语

词语	频次	词语	频次
吸菸	405	吸烟	1 395
禁菸	214	禁烟	648
香菸	210	香烟	2 106
菸草	200	烟草	1 048
戒菸	74	戒烟	520
抽菸	65	抽烟	623
菸酒	57	烟酒	121
菸民	44	烟民	313
二手菸	35	二手烟	102
菸厂	31	烟厂	10
卷菸	22	卷烟	94
菸瘾	18	烟瘾	111
菸盒	15	烟盒	29
菸蒂	7	烟蒂	85
菸头	6	烟头	42
菸灰缸	4	烟灰缸	18
菸尘	3	烟尘	83
无菸日	3	无烟日	35
菸客	2	烟客	215
名菸	1	名烟	4

3. 喆

"喆"字在华文语料中共使用615次，在224个文本中出现，在总字表中排在第3 086位，在所有异体字中的频率为5.15%。

"喆"字主要用作人名，如陶喆（486次）、黄喆宇（7次）、冯喆（5次）、王喆（5次）等。

在华文语料中，"喆"的正字"哲"共使用了7 029次，除了用于"哲学（1 197次）、哲学家（157次）、哲理（130次）、明哲保身（62次）、哲人（38

次）"等常用词语中之外，其他主要用于人名中，如李远哲（1 636 次）。

4. 扞

"扞"字在华文语料中共使用 368 次，在 264 个文本中出现，在总字表中排在第 3 403 位，在所有异体字中的频率为 3.08%。

"扞"字主要用于"扞卫（354 次）"一词，例句如下：

他说，美国民众在 2003 年看到三军扞卫美国，解放受压迫的人民。（《联合早报》）

在华文语料中，"扞"的正字"捍"共使用 5 384 次，"捍卫"频序为 2 920，频次为 4 512，文本数为 3 227。

5. 佈

"佈"字在华文语料中共使用 299 次，在 169 个文本中出现，在总字表中排在第 3 539 位，在所有异体字中的频率为 2.50%。

组词如下：

宣佈（141 次）   公佈（108 次）   发佈（13 次）   颁佈（6 次）
發佈（3 次）   分佈（3 次）   佈道（3 次）   满佈（2 次）
摆佈（1 次）   佈线（1 次）   佈署（1 次）   佈置（1 次）
佈满（1 次）   佈局（1 次）   遍佈（1 次）   散佈（1 次）

例句如下：

A. 州政府为公为私都应公佈其多年来在公、私场合为华校做出的努力，以便为公众释疑。（独立新闻在线）

B. 中国不必扭扭捏捏，应公开宣佈不准日本的申请。（《联合早报》）

C. 在 DBS 证券公司发佈预测报告后，新加坡股市成交量创下了 6 年来的新高，吉宝置业和嘉德置地的股价也一路攀升。（独立新闻在线）

在华文语料中，"佈"的正字"布"共使用 214 378 次（其中，"佈署"对应的词语为"部署"，"部署"的频次为 6 543，文本数为 3 833，频序为 2 125），频序为 181，在 88 936 个文本中出现，前十位的词语如下：

A. 宣布（频序 215，频次 55 870，文本数 36 131）

B. 布什（频序 296，频次 44 154，文本数 10 093）

C. 公布（频序 479，频次 27 885，文本数 19 912）

D. 发布（频序 1 407，频次 10 311，文本数 8 102）

E. 发布会（频序 2 121，频次 6 557，文本数 5 318）

F. 布莱尔（频序 2 192，频次 6 292，文本数 1 453）

G. 布（频序 2 212，频次 6 208，文本数 4 251）

H. 布朗（频序 4 150，频次 2 814，文本数 1 090）

I. 布城（频序 4 905，频次 2 228，文本数 1 883）

J. 颁布（频序 5 224，频次 2 030，文本数 1 562）

"佈"和"布"字组词的对应词语情况如表 36 所示：

表 36　"佈"和"布"字组词的对应词语

词语	频次	词语	频次
宣佈	141	宣布	55 870
公佈	108	公布	27 885
发佈	13	发布	10 311
颁佈	6	颁布	2 030
分佈	3	分布	1 442
佈道	3	布道	63
满佈	2	满布	79
摆佈	1	摆布	130
佈线	1	布线	18
佈署	1	部署	6 543
佈置	1	布置	725
佈满	1	布满	348
佈局	1	布局	1 676
遍佈	1	遍布	621
散佈	1	散布	778

6. 牠

"牠"字在华文语料中共使用273次，在113个文本中出现，在总字表中排在第3 593位，在所有异体字中的频率为2.29%。

"牠"字在华文语料中，大都是作为物称代词单用，也有部分用在词语"牠们"中。如：

A. 西伯利亚虎是体型最大的猫科动物，在积极保育下，牠从濒临绝种边缘，增加到百年来数量最多的水准。(《联合早报》)

B. 我们还准备大量的冰块，将马匹的体温尽快降下来，以保证牠们的健康。(《联合早报》)

在华文语料中，"牠"的正字"它"共使用86 533次，频序为458。"它"字单用时，共使用49 723次，排在总词表的第257位，共出现文本数为27 855。组成的词语中，"其它"频序为525，频次为25 676，文本数为13 154；"它们"频序为1 476，频次为9 801，文本数为6 973；其他组词中的用字很少。

7. 昇

"昇"字在华文语料中共使用271次，在121个文本中出现，在总字表中排在第3 597位，在所有异体字中的频率为2.27%。

"昇"字大多用在人名和机构名等专名中，其中人名用字共118次，如：

吴育昇　韩昇洙　陈和昇　　吴东昇　林志昇　林晃昇　刘崑昇
黄良昇　羽山昇　渡边昇一　萧镇昇　陈昇宏　胡昇　　蔡辉昇
高政昇　黎鸿昇　石冈昇率　王昇　　田昇奇

机构名等专名中用字56次，如：

昇菘　昇松　昇恒昌　永昇106号　永昇号　荣昇海运　昇阳电脑
『翔昇专案』战机

组成的其他常用词（动词为主）主要如下：

提昇（35次）　直昇机（16次）　昇华（7次）　昇高（5次）

上昇（4次）　　昇值（2次）　　昇温（1次）　　直线窜昇（1次）

昇平（1次）

例句如下：

A. 欧洲央行担忧通货膨胀率昇高可能对经济发展带来若干不利影响，特别是经由薪水增加带来的"第二轮效应"。（《联合早报》）

B. 赖幸媛指出，发展两岸关系的同时，新政府也同样重视防卫能力的提昇，希望美国政府能尽快处理军售的问题。（《联合早报》）

C. 此时敌军战机仍持续来犯，眼镜蛇直昇机立即发射一枚空射响尾蛇飞弹击落靶机。（《联合早报》）

D. 吴育昇要求张政雄必须在今天下午下班之前对外宣布结果，张政雄点头应允并指出，中选会会发布新闻稿。（《联合早报》）

在华文语料中，"昇"的正字"升"共使用 111 131 次，频序为 370。"升"单用时，频次为 15 592，文本数为 9 259，频序为 899。在其组成的词语中，排在前十位的词语如下：

A. 提升（频序 664，频次 20 628，文本数 13 730）

B. 上升（频序 861，频次 16 214，文本数 10 887）

C. 升值（频序 1 540，频次 9 394，文本数 3 258）

D. 直升机（频序 2 197，频次 6 276，文本数 2 624）

E. 攀升（频序 2 409，频次 5 700，文本数 4 330）

F. 公升（频序 2 861，频次 4 627，文本数 1 683）

G. 升级（频序 3 738，频次 3 243，文本数 2 276）

H. 飙升（频序 4 074，频次 2 890，文本数 2 313）

I. 回升（频序 4 765，频次 2 321，文本数 1 855）

J. 升高（频序 5 331，频次 1 986，文本数 1 651）

8. 蒐

"蒐"字在华文语料中共使用 247 次，在 154 个文本中出现，在总字表中排在第 3 652 位，在所有异体字中的频率为 2.07%。

"蒐"字组成的词语如下：

蒐集（105 次）　　蒐证（50 次）　　侦蒐（13 次）　　蒐情报（13 次）
蒐整（3 次）　　　蒐寻（2 次）　　　蒐罗（1 次）　　　广蒐文献（1 次）
蒐录（1 次）　　　蒐购（1 次）　　　（刺）蒐情资（1 次）
情蒐（船、台、人员、经费、费用、工作、课程、资料、网）（21 次）
OH－58 战蒐直升机（2 次）

例句如下：

A. 肇事的遥控直升机，监识人员蒐集起来成了重要事证，遥控飞机撞大楼，正研究责任归属问题。（《联合早报》）

B. 警政署副署长谢秀能在立委要求下允诺，会从当天蒐证录影带中，尽快找出不当使用雷射笔者。（《联合早报》）

在华文语料中，"蒐"的正字"搜"共使用 15 941 次，频序为 1 245。"搜"单用时，频序为 4 520，频次为 2 501，文本数为 1 906。在其组成的词语中，排在前五位的词语如下：

A. 搜查（频序 4 346，频次 2 651，文本数 1 783）
B. 搜寻（频序 4 373，频次 2 628，文本数 1 475）
C. 搜索（频序 4 555，频次 2 474，文本数 1 490）
D. 搜集（频序 6 374，频次 1 546，文本数 1 129）
E. 搜救（频序 6 453，频次 1 519，文本数 765）

9. 勳

"勳"字在华文语料中共使用 202 次，在 82 个文本中出现，在总字表中排在第 3 752 位，在所有异体字中的频率为 1.69%。

"勳"字主要用在人名中，总共 182 次，如：吴世勳、刘德勳、蔡勳雄、威廉斯勳、金宗勳、罗建勳、赵建勳、岑建勳、林进勳、姜伟勳、黄光勳、杨孟勳、蔡汉勳。

其他词语主要有：勳章（34 次）、授勳（20 次）、赠勳（8 次）、勳衔（6次）、功勳（5 次）、元勳（3 次）。

例句如下：

A. 新西兰华人科学家邱洪杰获勳章。(《联合早报》)

B. 不过，公文怎么会外泄，检察官罗建勳否认泄密，将矛头指向调查局。(《联合早报》)

在华文语料中，"勳"的正字"勋"共使用 3 339 次，频序为 2 134。"勋"单用时，频序为 32 066，频次为 93，文本数为 76。在其组成的词语中，排在前五位的词语如下：

A. 林勋强（频序 10 761，频次 679，文本数 284）
B. 勋章（频序 11 955，频次 569，文本数 280）
C. 勋衔（频序 12 271，频次 545，文本数 213）
D. 勋爵（频序 21 747，频次 199，文本数 111）
E. 元勋（频序 24 021，频次 166，文本数 85）

10. 决

"决"字在华文语料中共使用 199 次，在 45 个文本中出现，在总字表中排在第 3 761 位，在所有异体字中的频率为 1.67%。
"决"字组词如下：

决定（81 次）　解决（41 次）　判决（16 次）　决议（15 次）
表决（13 次）　决策（6 次）　决心（6 次）　坚决（4 次）
先决条件（3 次）　裁决（2 次）　议决（1 次）　悬而未决（1 次）
决裂（1 次）　坚决（1 次）

例句如下：

A. 拍不拍裸露戏的决定，需不需要事前跟丈夫沟通。(《联合早报》)

B. 不过他说，如果警方有足夠证据证明阿豪的确犯下罪行，他无话可说，他会接受法庭的判决。(《联合早报》)

在华文语料中，"决"的正字"决"共使用 188 722 次，频序为 216。"决"单用时，频序为 3 067，频次为 4 215，文本数为 3 205。在其组成的词语中，排在前五位的词语如下：

A.　决定（频序 178，频次 63 963，文本数 40 268）
B.　解决（频序 249，频次 50 543，文本数 28 265）
C.　决议（频序 2 048，频次 6 833，文本数 3 299）
D.　决赛（频序 2 095，频次 6 638，文本数 3 154）
E.　判决（频序 2 143，频次 6 484，文本数 3 176）

第三节　旧印刷字形使用情况研究

一、概况

华文语料中，旧印刷字形总频次为 1 460，旧印刷字形字种数为 64，所有旧印刷字形共出现文本数为 424；旧印刷字形总频次占汉字总频次的比例为 0.00%，旧印刷字形字种数占汉字字种数的比例为 0.76%；旧印刷字形总频次占非规范字总频次的比例为 4.05%，旧印刷字形字种数占非规范字字种数的比例为 5.10%。

从频次上来看，旧印刷字形在本次调查的华文语料所有汉字中使用的频次较少，但是用到的旧印刷字形字种数相对较多。在所有非规范字中，旧印刷字形使用的频次比例和字种数比例都比较低。

监测语料中，旧印刷字形总频次为 3 125，旧印刷字形字种数为 95；旧印刷字形总频次占汉字总频次的比例为 0.00%，旧印刷字形字种数占汉字字种数的比例为 0.80%；旧印刷字形总频次占非规范字总频次的比例为 2.67%，旧印刷字形字种数占非规范字字种数的比例为 4.80%。

表 37 是二者旧印刷字形的基本情况对比：

表 37　旧印刷字形基本情况对比

语料	频次	频次比例（%）		字种数	字种数比例（%）	
		在汉字总表中	在非规范字中		在汉字总表中	在非规范字中
华文语料	1 460	0.00	4.05	64	0.76	5.10
监测语料	3 125	0.00	2.67	95	0.80	4.80

从表 37 可以看到，在汉字总表中，华文语料的旧印刷字形频次比例与监测语料相比差不多。在非规范字中，华文语料的旧印刷字形频次比例比监测语料的高 1.38%。在汉字总表中，华文语料的旧印刷字形字种数比例比监测语料的低

0.04%，在非规范字中，华文语料的旧印刷字形字种数比例比监测语料的高0.30%。

二、华文语料和监测语料旧印刷字形使用对比

为了更直观地比较华文语料和监测语料的旧印刷字形使用情况，表38列举了频率排前十位的旧印刷字形的使用情况：

表38　频率排前十位的旧印刷字形使用情况

华文语料				监测语料				
字	频序	频次	文本数	频率①	字	频序	频次	文本数	频率
内	3 492	322	116	22.05	内	5 370	520	387	16.64
别	3 871	164	65	11.23	别	5 853	198	162	6.34
争	4 186	100	29	6.85	呐	5 938	171	158	5.47
产	4 196	99	37	6.78	幷	5 943	169	123	5.41
换	4 431	66	38	4.52	黄	5 966	163	108	5.22
没	4 462	63	16	4.32	晚	6 072	136	102	4.35
幷	4 600	51	30	3.49	没	6 126	127	101	4.06
說	4 693	43	23	22.05	刹	6 131	126	113	4.03
黄	4 764	38	29	11.23	告	6 176	116	94	3.71
滚	4 778	37	18	6.85	說	6 207	109	41	3.49

从表38可以看到，二者的前十个旧印刷字形中，"内、别、没、幷、說、黄"都出现了。

华文语料中其他54个旧印刷字形的具体情况如表39所示：

表39　华文语料中的其他54个旧印刷字形

汉字	频序	频次	文本数	频率	汉字	频序	频次	文本数	频率
刹	4 883	32	18	2.19	吴	6 619	3	3	0.21
税	4 901	30	14	2.05	吞	6 628	3	3	0.21

---

① 占旧印刷字形总频次的比例。表38、表39、表40中的"频率"同此。

（续上表）

汉字	频序	频次	文本数	频率	汉字	频序	频次	文本数	频率
兹	5 055	23	13	1.58	尙	6 658	3	2	0.21
吿	5 111	22	7	1.51	銳	6 661	3	3	0.21
脫	5 191	19	13	1.30	靑	6 674	3	1	0.21
研	5 340	15	5	1.03	呂	6 724	3	3	0.21
搵	5 457	13	13	0.89	靜	6 760	3	3	0.21
戶	5 486	13	8	0.89	枴	6 798	3	2	0.21
奧	5 506	13	9	0.89	娛	6 901	2	2	0.14
顏	5 573	11	8	0.75	晚	6 961	2	2	0.14
淨	5 684	10	9	0.68	禿	6 968	2	1	0.14
悅	5 713	9	2	0.62	刋	7 039	2	2	0.14
吶	5 752	9	8	0.62	掙	7 391	1	1	0.07
宮	5 874	8	5	0.55	慍	7 432	1	1	0.07
値	6 007	6	3	0.41	粵	7 437	1	1	0.07
虛	6 030	6	5	0.41	緣	7 439	1	1	0.07
絕	6 077	6	1	0.41	喩	7 451	1	1	0.07
橫	6 092	6	6	0.41	飮	7 478	1	1	0.07
兌	6 117	6	4	0.41	緖	7 541	1	1	0.07
剝	6 136	6	4	0.41	榲	7 604	1	1	0.07
偸	6 182	5	3	0.34	塡	7 636	1	1	0.07
眞	6 310	4	1	0.27	淸	7 756	1	1	0.07
遙	6 332	4	2	0.27	瘀	7 876	1	1	0.07
搖	6 333	4	3	0.27	綠	7 885	1	1	0.07
溫	6 350	4	3	0.27	旣	8 039	1	1	0.07
喚	6 466	4	4	0.27	苟	8 040	1	1	0.07
盜	6 511	4	3	0.27	悳	8 199	1	1	0.07

　　监测语料中其他 85 个旧印刷字形的具体情况如表 40 所示：

表 40　监测语料中的其他 85 个旧印刷字形

汉字	频序	频次	文本数	频率	汉字	频序	频次	文本数	频率
奥	6 287	96	75	3.07	虚	8 672	6	6	0.19
吞	6 304	93	84	2.98	溫	8 676	6	6	0.19
脱	6 531	67	5	2.14	嘘	8 717	5	4	0.16
丢	6 637	58	48	1.86	瘕	8 718	5	5	0.16
研	6 710	53	33	1.70	侣	8 788	5	5	0.16
搵	6 734	51	49	1.63	刊	8 796	5	5	0.16
宫	6 756	50	36	1.60	胱	8 798	5	4	0.16
兹	6 771	48	40	1.54	換	8 856	5	5	0.16
高	6 782	47	34	1.50	絶	8 891	5	5	0.16
彦	6 814	45	38	1.44	眞	8 969	4	4	0.13
滚	6 850	42	19	1.34	媼	9 021	4	2	0.13
荀	6 878	40	40	1.28	煴	9 025	4	2	0.13
曁	6 928	37	34	1.18	秃	9 026	4	2	0.13
尚	7 030	33	30	1.06	填	9 295	3	2	0.10
靑	7 036	32	20	1.02	槇	9 338	3	3	0.10
瓶	7 160	28	24	0.90	揩	9363	3	2	0.10
產	7 316	23	20	0.74	巐	9 418	3	3	0.10
静	7 332	23	19	0.74	爭	9 424	3	3	0.10
戶	7 395	21	16	0.67	筝	9 425	3	3	0.10
粤	7 495	19	17	0.61	勾	9 478	3	3	0.10
横	7 504	18	16	0.58	縕	9 598	3	1	0.10
税	7 505	18	16	0.58	綠	9 738	2	2	0.06
盼	7 554	17	2	0.54	豻	9 847	2	2	0.06
净	7 633	16	14	0.51	榵	10 015	2	1	0.06
戸	7 635	16	12	0.51	喩	10 069	2	1	0.06
吕	7 679	15	12	0.48	枘	10 135	2	2	0.06
顔	7 702	15	13	0.48	舼	10 244	2	1	0.06

（续上表）

汉字	频序	频次	文本数	频率	汉字	频序	频次	文本数	频率
值	7 714	15	11	0.48	悦	10 288	2	2	0.06
屏	7 734	14	8	0.45	俞	10 435	1	1	0.03
羡	7 751	14	14	0.45	挣	10 459	1	1	0.03
邢	7 771	14	8	0.45	蜕	10 578	1	1	0.03
摇	7 792	13	7	0.42	唤	10 702	1	1	0.03
惠	7 950	11	5	0.35	偷	10 716	1	1	0.03
禄	8 136	9	3	0.29	飲	10 793	1	1	0.03
盗	8 154	9	5	0.29	吴	10 810	1	1	0.03
妍	8 181	9	5	0.29	娱	10 849	1	1	0.03
清	8 277	8	8	0.26	睁	10 963	1	1	0.03
蕴	8 325	7	7	0.22	瑶	10 982	1	1	0.03
蕰	8 328	7	4	0.22	遥	11 012	1	1	0.03
进	8 478	6	6	0.19	绪	11 486	1	1	0.03
墅	8 530	6	2	0.19	狰	11 703	1	1	0.03
算	8 532	6	6	0.19	麗	11 716	1	1	0.03
娱	8 587	6	4	0.19					

三、华文语料旧印刷字形的来源和分类

1. 各媒体旧印刷字形的来源情况

华文语料来源于七种报纸和网站，这些报纸和网站使用旧印刷字形的具体情况如何？我们按来源语料统计了旧印刷字形的频次、字种数及其各自的比例，具体情况如表 41 所示：

表41　七种媒体的旧印刷字形来源情况

来源语料	频次	字种数	文本数	频次比例1(%)①	字种数比例1(%)②	频次比例2(%)③	字种数比例2(%)④
独立新闻在线	886	35	192	0.01	0.63	60.68	54.69
《联合早报》	292	41	151	0.00	0.59	20.00	64.06
马新社中文网	192	20	33	0.00	0.40	13.15	31.25
亚洲新闻网	60	23	30	0.00	0.41	4.11	35.94
《世界日报》	22	2	15	0.00	0.04	1.51	3.13
《光华日报》电子新闻	6	4	5	0.00	0.07	0.41	6.25
新动网	4	2	3	0.00	0.04	0.27	3.13

从表41可以看到，华文语料旧印刷字形的频次中，60.68%来自于独立新闻在线，20.00%来自于《联合早报》，13.15%来自于马新社中文网，三者合计为93.83%；其余报纸和网络中，旧印刷字形使用得较少。从某一媒体内部的旧印刷字形字种数使用比例来看，独立新闻在线的频次比例最高，为0.63%，《联合早报》次之，为0.59%。从所有来源语料中旧印刷字形的字种数比例来看，《联合早报》、独立新闻在线较高，《世界日报》、新动网最低。

2. 各媒体旧印刷字形使用的分类情况

对于七种媒体，各个媒体中旧印刷字形使用的具体情况如何呢？我们列出了这七种媒体各自的前十个旧印刷字形（有的媒体不足十个），具体情况如表42所示：

---

① 占该来源语料中所有汉字总频次的比例。
② 占该来源语料中所有字种数的比例。
③ 占所有来源语料中旧印刷字形总频次的比例。
④ 占所有来源语料中旧印刷字形的字种数比例。由于每个来源语料中的字种数有交叉，此处的字种数比例之和大于100%。

表42　七种媒体各自的前十个旧印刷字形

《联合早报》			独立新闻在线			《光华日报》电子新闻			马新社中文网			《世界日报》			新动网			亚洲新闻网		
字	频序	频率	字	频序	频率	字	频序	频率	字	频序	频率	字	频序	频率	字	频序	频率	字	频序	频率
并	3 924	21.07	内	1 883	32.16	兹	5 109	33.33	没	2 701	23.23	兹	3 741	72.73	兹	4 276	50.00	研	4 216	16.67
内	4 386	9.50	别	2 210	17.46	搵	5 159	33.33	内	2 774	20.20	净	4 250	27.27	搵	43 29	50.00	告	4 308	15.00
刹	4 514	7.85	争	2 430	11.56	苟	5 633	16.67	说	2 933	14.65							宫	4 562	8.33
产	4 566	7.02	产	2 564	8.67	告	5 685	16.67	换	3 165	9.60							兹	4 585	6.67
没	4 612	6.20	换	2 799	5.65				别	3 422	6.57							说	4 628	6.67
税	4 724	4.96	滚	2 916	4.65				产	3 471	6.06							青	4 778	5.00
告	4 744	4.96	黄	2 996	4.02				争	3 780	3.03							内	4 798	5.00
搵	4 886	3.72	脱	3 343	2.14				绝	3 826	3.03							别	4 872	5.00
别	4 940	3.72	税	3 421	1.88				户	4 083	2.02							奥	4 875	5.00
呐	5 051	2.89	刹	3 600	1.38				虚	4 144	1.52							搵	4 941	3.33

四、华文语料和监测语料旧印刷字形共用独用分析

对于华文语料和监测语料中所有的旧印刷字形，我们进行了共用和独用的情况分析。

二者的共用和独用情况如表43所示：

表43　华文语料和监测语料中旧印刷字形的共用独用分析

语料	字种数	共用字种数	独用字种数（独用率）
华文语料	64	58	6（9.38%）
监测语料	95		37（38.95%）

二者共用的旧印刷字形共58个，按华文语料字表的频次从高到低排列如下：

内　别　争　产　换　没　并　说　黄　滚　刹　税　兹　告　脱　研　搵
户　奥　颜　净　悦　呐　宫　值　虚　绝　横　偸　真　遥　摇　温　唤
盗　吴　吞　尚　青　吕　静　枴　娱　晚　秃　刟　挣　粤　喻　饮　绪
榅　塡　清　麻　绿　苟　蕙

华文语料独用的旧印刷字形共六个，按华文语料字表的频次从高到低排列如下：

兌　剝　銳　慍　緣　旡

其中，"兌"共使用6次，分别用在如下词语中：兌换（3次）、兌现（2次）、馬幣兌美元（1次）。"剝"共使用6次，分别用在如下词语中：剝削（3次）、剝夺（2次）、剝夺（1次）。"銳"共使用3次，分别用在如下词语中：尖銳（2次）、銳不可当（1次）。"慍、緣、旡"都只使用了1次。

监测语料独用的旧印刷字形共37个，按监测语料字表的频次从高到低排列如下：

丢　高　彥　曁　瓶　肣　戶　屛　羡　邢　祿　姸　蘊　蘫　迚　壂　箅
噓　侶　朓　媪　熅　槇　揩　巅　箏　匀　縕　幵　垪　愈　蜕　娛　眸
瑶　狰　麗

五、华文语料前五个旧印刷字形分析

1. 內

"內"字在华文语料中的频次为332，排在汉字总表的第3 492位，共出现在116个文本中，在旧印刷字形中的频率为22.05%。
组词①如下：

內容（47次）　　內部（40次）　　党內（23次）　　《內安法令》（21次）
国內（21次）　　月內（14次）　　內政（13次）　　年內（11次）
內外（11次）　　在內（10次）　　內阁（10次）　　星期內（5次）
时期內（4次）　　（多少）天內（7次）　　时间內（4次）　　权限內（7次）
小时內（6次）

例句如下：

A. 要注意的是，在这方面，西马的《1961年未成年人监护法令》和沙巴的

① 由于自动分词难以切分出含旧印刷字形的词语，本书中，凡是旧印刷字形组成的词语及其出现次数都是人工从语料中归纳出来的。对应的含正字的词语及其次数都取自自动分词的结果，可能存在错误。下同。

《未成年人监护法令》内容相似。（独立新闻在线）

　　B. 许子根和民政党，还有马华和国大党，不应再容忍巫青团的霸道和无的放矢，所谓党有党规，应通过国阵的内部协商对公开抨击首长的行为采取纪律行动，以维护首长的尊严。（独立新闻在线）

　　C. 马拉和 CK 郭也加入了民主同盟，不过他们只在党内呆了一段很短暂的时间。（独立新闻在线）

　　D. 营业开始后的一两个月内才注册。（独立新闻在线）

　　在华文语料中，"内"的正字"内"的频序为 110，频次为 304 386，文本数为 127 178。

　　"内"字在华文语料中的组词前十位如下：

A. 内（频序 119，频次 86 475，文本数 54 699）
B. 国内（频序 322，频次 41 127，文本数 24 541）
C. 内阁（频序 624，频次 21 851，文本数 10 130）
D. 内容（频序 707，频次 19 435，文本数 13 571）
E. 内部（频序 1 012，频次 14 108，文本数 9 811）
F. 年内（频序 1 315，频次 10 923，文本数 8 250）
G. 党内（频序 1 452，频次 9 962，文本数 5 004）
H. 在内（频序 1 679，频次 8 608，文本数 7 750）
I. 内地（频序 1 958，频次 7 150，文本数 3 295）
J. 境内（频序 2 391，频次 5 760，文本数 4 163）

2. 别

　　"别"字在华文语料中的频次为 164，排在汉字总表的第 3 871 位，共出现在 65 个文本中，在旧印刷字形中的频率为 11.23%。

　　组词如下：

特别（83 次）　　个别（24 次）　　别人（10 次）　　分别（5 次）
性别（5 次）　　另当别论（4 次）　　有别于（2 次）　　個别（1 次）
区别（1 次）

　　例句如下：

A. 而特别召开的会议上，不能讨论其他事，只能讨论会议议程所列明的事项。（独立新闻在线）

B. 有不同理解要注意的是，有些州已个别实施了回教法。（独立新闻在线）

C. 别想象别人一生下来就是贱种，就留给你当往上爬的垫脚石！（独立新闻在线）

D. 那是因为，我国《宪法》不允许性别歧视的现象存在，男女是平等的。（独立新闻在线）

在华文语料中，"别"的正字"别"的频序为358，频次为112 610，文本数为69 154。

"别"字在华文语料中的组词前十位如下：

A. 特别 （频序287，频次45 684，文本数30 662）

B. 分别 （频序498，频次26 940，文本数22 134）

C. 别 （频序1 851，频次7 757，文本数6 312）

D. 别人 （频序2 295，频次5 974，文本数4 408）

E. 个别 （频序3 749，频次3 232，文本数2 830）

F. 级别 （频序5 170，频次2 055，文本数1 400）

G. 告别 （频序5 665，频次1 824，文本数1 201）

H. 别的 （频序6 305，频次1 576，文本数1 431）

I. 区别 （频序6 367，频次1 550，文本数1 255）

J. 别墅 （频序6 469，频次1 515，文本数773）

3. 争

"争"字在华文语料中的频次为100，排在汉字总表的第4 186位，共出现在29个文本中，在旧印刷字形中的频率为6.85%。

组词如下：

争取（46次）　斗争（25次）　战争（4次）　党争（3次）

力争（2次）　争论（2次）　争夺（1次）　争执（1次）

争议（1次）　纷争（1次）　戰争（1次）　抗争（1次）

竞争（1次）

例句如下：

A. 律师界肯定将继续努力，争取改善法令未臻完善的部分。（独立新闻在线）

B. 由于他们的宪制斗争道路已被封闭，迫于形势才转入地下。（独立新闻在线）

C. 二战是世界上的资本主义国家为了重新瓜分全球的资源，如原料和土地等，而发动的大规模战争。（独立新闻在线）

D. 在我办事处召开的一次会议上，他挑起了一场争论。（独立新闻在线）

在华文语料中，"爭"的正字"争"的频序为330，频次为124 899，文本数为54 445。

"争"字在华文语料中的组词前十位如下：

A. 战争（频序452，频次29 686，文本数10 465）
B. 争取（频序764，频次17 865，文本数12 391）
C. 竞争（频序812，频次17 113，文本数10 957）
D. 争议（频序1 277，频次11 141，文本数7 481）
E. 争（频序1 757，频次8 239，文本数5 037）
F. 斗争（频序2 023，频次6 902，文本数4 218）
G. 竞争力（频序2 241，频次6 117，文本数3 913）
H. 争夺（频序2 947，频次4 475，文本数3 550）
I. 争论（频序4 481，频次2 542，文本数1 923）
J. 争执（频序4 775，频次2 316，文本数1 736）

4. 產

"產"字在华文语料中的频次为99，排在汉字总表的第4 196位，共出现在37个文本中，在旧印刷字形中的频率为6.78%。

组词如下：

產品（20次）　　產生（13次）　　共產（12次）　　生產（11次）
资產（6次）　　產能（4次）　　财產（4次）　　產权（3次）
地產（3次）

例句如下：

A. 马美贸协谈判将涵盖工农业產品、服务业（包括银行业）、投资、政府采购、知识產权及许多其他项目。（独立新闻在线）

B. 他说，这些沉闷不悦耳、无所不在又难以分辨的汽车行驶所產生的声音，必须对现今的反社会（anti‑social）行为负责。（独立新闻在线）

C. 国家生產力机构确有进行问卷调查，不过在受访者样本和方法学上却颇多瑕疵。（独立新闻在线）

D. 李显龙的夫人何晶（Ho Ching）是淡马锡集团的主席，该集团在国内外掌管著数百亿美元的资產。（独立新闻在线）

在华文语料中，"產"的正字"产"的频序为213，频次为187 645，文本数为62 068。

"产"字在华文语料中的组词前十位如下：

A. 产品（频序467，频次28 608，文本数13 212）
B. 生产（频序611，频次22 090，文本数11 607）
C. 产生（频序871，频次16 050，文本数12 340）
D. 产业（频序1 080，频次13 105，文本数6 505）
E. 资产（频序1 096，频次12 971，文本数6 327）
F. 房地产（频序1 545，频次9 357，文本数3 373）
G. 产（频序2 313，频次5 952，文本数3 941）
H. 财产（频序2 454，频次5 568，文本数2 987）
I. 产量（频序2 918，频次4 513，文本数2 525）
J. 遗产（频序3 343，频次3 754，文本数1 452）

5. 换

"换"字在华文语料中的频次为66，排在汉字总表的第4 431位，共出现在38个文本中，在旧印刷字形中的频率为4.52%。

组词如下：

轉换（10次）　　换言之（8次）　　换成（6次）　　转换（5次）
兑换（3次）　　更换（3次）　　　换取（3次）　　交换（2次）

改换（2次）　　改头换面（2次）

例句如下：

A. 对各个房屋小单位，在法律上，土地局没权把永久地契转换为99年有限期租契。（独立新闻在线）

B. 以此推论，商业注册官不应该拥有那么大的自由裁夺权，把永久商业注册改换成只有五年期限的商业注册。（独立新闻在线）

C. 换句话说，除了商业注册，还得符合其他法律规定的条件。（独立新闻在线）

D. 除了必须取得商业注册以外，钱币商还得拥有中央银行所發出的钱币兑换商执照。（独立新闻在线）

在华文语料中，"换"的正字"换"的频序为840，频次为34 819，文本数为21 248。

"换"字在华文语料中的组词前十位如下：

A. 换（频序1 493，频次9 736，文本数6 312）
B. 交换（频序2 845，频次4 679，文本数3 656）
C. 更换（频序4 030，频次2 941，文本数2 077）
D. 转换（频序4 474，频次2 550，文本数1 785）
E. 兑换（频序5 123，频次2 081，文本数1 000）
F. 换取（频序5 236，频次2 026，文本数1 649）
G. 撤换（频序7 204，频次1 287，文本数798）
H. 换言之（频序7 362，频次1 248，文本数1 150）
I. 换句话说（频序8 103，频次1 071，文本数1 023）
J. 替换（频序10 005，频次758，文本数611）

第四节　旧计量用字使用情况研究

一、概况

在华文语料中，旧计量用字总频次为63，字种数为4，共出现文本数为50；旧计量用字总频次占汉字总频次的比例为0.00%，占非规范字总频次的比例为

0.17%；旧计量用字字种数占汉字字种数的比例为 0.05%，占非规范字字种数的比例为 0.32%。

监测语料中旧计量用字总频次为 2 018，字种数为 4，旧计量用字总频次占汉字总频次的比例为 0.00%，占非规范字总频次的比例为 1.72%；旧计量用字字种数占汉字字种数的比例为 0.03%，占非规范字字种数的比例为 0.20%。

表 44 是二者旧计量用字的基本情况对比：

表 44　旧计量用字基本情况对比

语料	频次	频次比例（%）		字种数	字种数比例（%）	
		汉字总表中	非规范字中		汉字总表中	非规范字中
华文语料	63	0.00	0.17	4	0.05	0.32
监测语料	2 018	0.00	1.72	4	0.03	0.20

从表 44 可以看到，在汉字总表中，华文语料和监测语料的旧计量用字频次比例都极低，但在非规范字中，监测语料旧计量用字的频次比例是华文语料的十倍。无论是在汉字总表中还是非规范字中，华文语料的旧计量用字字种数比例都高于监测语料。

二、华文语料中的旧计量用字分析

表 45 是华文语料和监测语料的旧计量用字情况：

表 45　华文语料和监测语料的旧计量用字情况

华文语科				监测语料			
汉字	频序	频次	文本数	频率	汉字	频序	频次	文本数	频率
吋	4 804	36	30	57.14	吋	4 870	1 300	681	64.42
呎	5 554	12	9	19.05	呎	5 399	500	305	24.78
浬	5 850	8	8	12.70	浬	5 818	213	73	10.55
瓩	5 941	7	4	11.11	粝	8 683	5	5	0.25

下面我们对华文语料的旧计量用字进行使用情况的分析。

1. 吋

（1）做量词，共 33 次，如"15 吋、六吋、吋半网尾"。
例句如下：

A. 而廖碧儿摒弃性感，穿着 7 吋高跟鞋及 YSL 晚装到场，自言似在跳芭蕾舞。（《光华日报》电子新闻）

B. 葛洛斯在 Pimco 网站刊载的每月评论中写到，穆迪和标准普尔当初都被一些"踩着六吋高跟鞋的妓女"所迷惑，才会给予 AAA 等级。（《联合早报》）

C. 雪霹两州 24 鱼港渔民代表和大马渔业总会今午一行 6 人前往布城农业部会见农业部长丹斯里慕尤丁，并展开近 3 小时的会议，代表官方的除了慕尤丁，也有副部长拿督马袖强、渔业局总监拿督祖纳迪等，以商谈关于渔民所反对的吋半网尾政策。（马新社中文网）

（2）"时"的误写，共 3 次。
例句如下：

A. 章瑛指这是教长惯用的伎俩，在不能回答华小问题时，就抛出种族化和政治化的大帽子。（独立新闻在线）

B. 章瑛今天发表文告说，阿都拉巴达威应体现更大的决心改善国内治安，而非只在发生引起民愤的案件时说说话，却没有具体的行动，等到另一宗案件发生再引起人民不安时，又再一次的发表同样的说话。（独立新闻在线）

2. 呎

如平方呎、立方呎、三千呎、英呎。
例句如下：

A. 新加坡方面从 2005 年底起，15 年内向印尼购买大约 1.1 亿立方呎/天的天然气。（亚洲新闻网）

B. 美国海关边境保护局官员表示，货轮上以英文标示写着"冷冻鲑鱼"的 20 英呎货柜，由于根本没有冷藏设备而引发安检人员高度怀疑，进一步追查后发现一箱箱物品并非鲑鱼而是大批枪械。（亚洲新闻网）

3. 浬

（1）做量词，共 7 次，如 40 浬。
例句如下：

8 时 47 分复兴航空与东方航空在 "SULEM" 以西 40 浬相遇，但有 3 000 呎的高度隔离，在两岸空运交流上，具有历史意义。（《联合早报》）

（2）用在词语 "浬清" 中。
例句如下：

在采纳具体规划改变保健融资之前，首先应该辩论及浬清这些大课题。（《独立新闻在线》）

4. 瓩

主要做量词。
例句如下：

A. 国家工艺处将援助开发经费 520 万铢在 1 年半时间内研制能每小时将 200 公斤垃圾转换发电量 50 瓩的原形机。（《世界日报》）
B. 目前制作的激光武器原型 "冥界"，能发射一瓩能量的激光光束。（《联合早报》）

第五节　日本汉字使用情况研究[①]

一、概况

在华文语料中，日本汉字总频次为 258，字种数为 54，共出现文本数为 166；日本汉字总频次占汉字总频次的比例为 0.00%，占非规范字总频次的比例为 0.72%；日本汉字字种数占汉字字种数的比例为 0.64%，占非规范字字种数的比

[①] 本调查中，有些日本汉字可能只是网页内容创建者输入时误操作所致，并非习惯性使用日本汉字。

例为 4.30%。

在监测语料中，日本汉字总频次为 4 168，字种数为 138；日本汉字总频次占汉字总频次的比例为 0.00%，占非规范字总频次的比例为 3.56%；日本汉字字种数占汉字字种数的比例为 1.17%，占非规范字字种数的比例为 6.97%。

表 46 是二者使用日本汉字的基本情况对比：

表 46　日本汉字使用基本情况对比

语料	频次	频次比例（%）		字种数	字种数比例（%）	
		汉字总表中	非规范字中		汉字总表中	非规范字中
华文语料	258	0.00	0.72	54	0.64	4.30
监测语料	4 168	0.00	3.56	138	1.17	6.97

从表 46 可以看到，在汉字总表中，华文语料和监测语料的日本汉字频次比例都很低，但在非规范字中，监测语料日本汉字的频次比例约为华文语料的五倍。无论是在汉字总表中还是非规范字中，华文语料日本汉字的字种数比例都低于监测语料。

二、华文语料和监测语料日本汉字使用对比

为了更直观地比较华文语料和监测语料日本汉字的使用情况，表 47 列出了华文语料和监测语料中前十位的日本汉字，具体如下：

表 47　华文语料和监测语料中前十位日本汉字

华文语料					监测语料			
汉字	频序	频次	文本数	频率	汉字	频序	频次	文本数	频率
麿	4 533	56	32	21.71	尔	4 996	1 013	505	24.30
德	5 114	22	13	8.53	德	5 546	373	232	8.95
兹	5 385	14	10	5.43	辻	5 674	287	164	6.89
笹	5 402	14	9	5.43	笹	5 814	214	99	5.13
辻	5 463	13	13	5.04	毆	5 965	163	94	3.91
栃	5 680	10	6	3.88	沢	5 975	161	78	3.86
衞	5 728	9	7	3.49	麿	6 046	142	91	3.41

（续上表）

华文语料				监测语料				
汉字	频序	频次	文本数	频率	汉字	频序	频次	文本数	频率
步	5 791	9	9	3.49	畑	6 059	139	78	3.33
塩	5 913	7	2	2.71	穂	6 188	114	81	2.74
対	5 982	7	5	2.71	歩	6 222	108	69	2.59

表48列出了华文语料中出现的其他日本汉字：

表48　华文语料中出现的其他日本汉字

汉字	频序	频次	文本数	频率	汉字	频序	频次	文本数	频率
尒	6 113	6	2	2.33	勲	7 530	1	1	0.39
隠	6 154	5	3	1.94	歳	7 667	1	1	0.39
弴	6 248	5	4	1.94	痩	7 697	1	1	0.39
渉	6 374	4	4	1.55	実	7 701	1	1	0.39
黙	6 409	4	2	1.55	剰	7 702	1	1	0.39
搭	6 515	4	4	1.55	頤	7 706	1	1	0.39
様	6 596	3	1	1.16	渋	7 718	1	1	0.39
榊	6 656	3	2	1.16	巻	7 733	1	1	0.39
増	6 885	2	2	0.78	醸	7 819	1	1	0.39
穏	6 954	2	2	0.78	満	7 867	1	1	0.39
畑	6 973	2	2	0.78	壳	7 871	1	1	0.39
穂	6 985	2	2	0.78	捞	7 912	1	1	0.39
舍	7 005	2	2	0.78	聯	7 924	1	1	0.39
圈	7 027	2	1	0.78	経	7 997	1	1	0.39
欽	7 051	2	1	0.78	撃	8 045	1	1	0.39
貌	7 079	2	2	0.78	糀	8 072	1	1	0.39
蛯	7 147	2	2	0.78	読	8 180	1	1	0.39
鋳	7 257	2	1	0.78	帯	8 208	1	1	0.39
荘	7 355	1	1	0.39	巣	8 249	1	1	0.39

（续上表）

汉字	频序	频次	文本数	频率	汉字	频序	频次	文本数	频率
転	7 357	1	1	0.39	変	8 299	1	1	0.39
壱	7 499	1	1	0.39	拔	8 327	1	1	0.39
巌	7 521	1	1	0.39	昂	8 332	1	1	0.39

下面是监测语料中出现的其他日本汉字：

黑　栃　喺　恵　麿　込　茲　荘　増　脳　実　蚝　竜　黙　楽　圏　窯
痩　搭　渉　毎　鱗　薫　摇　榊　圧　对　勲　鑢　俱　巻　広　滝　貌
騂　涙　揭　穏　塩　収　带　満　鶏　祢　桜　弥　稲　罇　朴　衝　弹
昇　剰　円　﨑　変　壱　戦　辺　脅　薜　曳　昂　团　焔　錬　歓　隐
拔　举　渋　歳　亀　亜　嬢　昴　釈　頤　様　舎　緕　粁　図　椛　噻
擊　襷　専　扒　脚　巣　坪　禅　紘　発　壊　汢　廳　獣　応　嗤　坏
栈　摄　琄　蛍　凧　峠　覚　搜　渓　钦　蠱　籖　渴　凩　醸　観　巌
蟒　転　労　単　硴　暁　輀　筥　験

三、华文语料和监测语料日本汉字共用独用分析

对于华文语料和监测语料中所有的日本汉字，我们进行了共用和独用的分析。

二者的共用和独用情况如表49所示：

表 49　华文语料和监测语料的日本汉字共用独用分析

语料	字种数	共用字种数	独用字种数（独用率）
华文语料	54	48	6（11.11%）
监测语料	138		90（65.22%）

二者共用48个，按华文语料字表排序，频次从高到低排列如下：

麿　德　茲　笹　辻　栃　衝　步　塩　对　尔　隐　弥　涉　黙　搭　様
榊　增　穏　畑　穂　舎　圏　钦　貌　蚝　荘　転　壱　巌　勲　歳　痩
実　剰　頤　渋　巻　醸　満　擊　椛　带　巣　変　拔　昂

华文语料独用6个，按华文语料字表排序，频次从高到低排列如下：

錺　壳　撈　聯　経　読

监测语料独用90个，按监测语料字表排序，频次从高到低排列如下：

股　沢　黒　喺　恵　暦　込　脳　竜　楽　窶　毎　鱶　薫　揺　圧　鑓
倶　広　滝　騨　涙　掲　収　鶏　祢　桜　稲　鏄　朳　弾　昇　円　崎
戦　辺　脅　薭　曳　団　焔　錬　歓　挙　亀　亜　嬢　帛　釈　緕　粭
図　嚒　襷　専　扖　踋　岼　禅　紘　発　壊　汢　廳　獣　応　噛　圷
桟　摂　琑　蛍　凧　峠　覚　捜　渓　蠶　籤　渇　凪　觀　蟒　労　単
硴　暁　輌　篭　験

四、华文语料前五个日本汉字分析

1. 麼

用法如下：什麼（28次）、那麼（15次）、甚麼（6次）、怎麼（3次）、這麼（2次）、多麼（1次）、这麼（1次）。

例句如下：

A. 他们因此而不解，為什麼“参拜靖国神社”会伤害中国人民的感情?（《联合早报》）

B. 其实中国幅员辽阔，“中国人”一词不能准确表达自己来自什麼地方。（《联合早报》）

C. 以有关十月革命的言论為例，看过了一些官方和中立的，再破网看一些不让看的，真是感触良多，同一件事件却可以有那麼多截然不同的解读。（《联合早报》）

2. 徳

全部是“德”的误用。

例句如下：

A. 陆交局发言人说，今早 4 个小时内，共有 14 名德士师傅违规。(《联合早报》)

B. 我们不禁要问此人何德何能，他不自量力，能够赋予两岸什么样的机会之窗？两岸的机会之窗需要他赋予吗！(《联合早报》)

C. 人民的痛苦，施明德感到了，他站了出来，用他超人的魅力点燃了反贪倒扁的怒火。(《联合早报》)

3. 兹

全是人名用字，如阿兹莎、拉惹阿兹、纳兹里、阿兹米卡立、阿兹米达因。

例句如下：

据法新社报道，马来西亚自然资源及环境部长阿兹米卡立表示，会在下月于菲律宾举行的亚细安会议上提出设立反烟雾基金的计划。(亚洲新闻网)

4. 笹

全为日本人名用字，如笹井芳树、笹川尧、笹川阳平。

例句如下：

A. 笹井认为其他器官可能也有类似的发育调节功能。(《联合早报》)

B. 而政调会长保利耕辅（73 岁）、总务会长笹川尧（72 岁）、选举对策委员长古贺诚（68 岁）、国会对策委员长大岛里森（62 岁）、选举对策副委员长菅义伟（59 岁）都将留任。(《联合早报》)

5. 辻

全为日本人名用字，如辻仁成原、尾辻秀久。

例句如下：

预料今天将到靖国神社参拜的内阁成员，将包括环境部长小池百合子和卫生、劳工与福利部长尾辻秀久。(《联合早报》)

第七章　华文语料用词用语情况调查研究[①]

本章主要对华文语料中的词语使用情况进行了调查分析，特别对频次与词种数的关系、词语的覆盖率、高频词语的词长分布、高频词语用字统计和成语的使用进行了详细的描述。

本次调查采用中国科学院自动化所研制的分词标注系统进行分词和词性标注。分词标注以后，又利用人工收集的新加坡、马来西亚的词条对分词结果进行后续处理，如将"集/Vg　选区/n"捆绑成"集选区/n"。

华文语料词语使用基本情况如下：

分词单位数：指分词软件对语料切分（包括后续处理）后得到的字符串的总次数，共计 116 631 394 次。

词语总频次：即不包含标点、符号、纯西文、纯阿拉伯数字、数字与西文混合式、网址等的分词单位的总次数，共计 93 792 891 次。

词种数：648 086。

第一节　频次与词种数的关系

表 50 显示了华文语料词语的频次与词种数的关系：

表 50　频次与词种数的关系（一）

频次 = 1		频次 ≤ 5		频次 < 10		频次 ≥ 10	
词种数	比例（%）	词种数	比例（%）	词种数	比例（%）	词种数	比例（%）
361 891	55. 84	525 822	81. 13	556 260	85. 83	918 26	14. 17

从表 50 可以看到，华文语料频次为 1 的词种数占到总词种数的 55.84%，这些低频词数量约占一半。频次不超过 5 的词种数比例达到 81.13%。频次低于 10 的达到 85.83%。

---

①　本章部分内容曾发表于国家语言资源监测与研究中心编的《中国语言生活状况报告 2008》（下编）（北京：商务印书馆，2009 年）。

表51 显示了详细的频次与词种数的关系：

表51　频次与词种数的关系（二）

频次	词种数	占词种数的比例（%）	累计（%）
1	361 891	55.84	55.84
2	91 639	14.14	69.98
3	35 552	5.49	75.47
4	22 657	3.50	78.97
5	14 083	2.16	81.13
6～10	34 899	5.38	86.51
11～20	23 433	3.62	90.13
21～100	33 040	5.10	95.23
>100	30 892	4.76	100

第二节　词语的覆盖率

表52 列出了从 10% 到 99% 的各区段覆盖率的词种数情况：

表52　华文语料不同覆盖率的词种数

覆盖率（%）	词种数	占总词种比例（%）
10	6	0.00
20	34	0.01
30	100	0.02
40	236	0.04
50	482	0.07
60	955	0.15
70	1 836	0.28
80	3 703	0.57
90	9 331	1.44
99	102 949	15.89

　　总体上，华文语料的高频词（覆盖率达到 90% 时的词语）仅占到总词种数的 1.44%，只使用了 9 331 个词种。这说明，华文语料中常用的高频词使用得比较集中；低频词（覆盖率为 90% 以后的词语）则占到绝大多数。

　　图 2 显示了各覆盖率中的词种数情况：

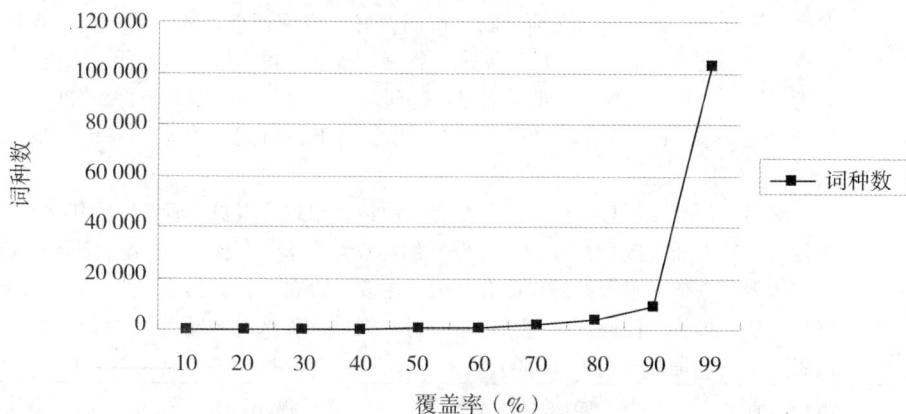

图 2　不同覆盖率的词种数

表 53 列举了覆盖率从 10% 到 50% 的词种：

表 53　覆盖率从 10% 到 50% 的词种

覆盖率（%）	词种（词种数）
0 ~ 10	的　在　是　和　他　了（6）
10 ~ 20	不　也　将　说　有　一　人　会　对　中　中国　这　与　为　而　都　上　到　表示　以　被　个　后　名　并　就　及　美国（28）
20 ~ 30	大　我　但　时　新　要　多　没有　我们　他们　问题　台湾　两　政府　已　万　一个　还　更　国家　来　从　向　经济　等　前　下　国　已经　让　于　所　能　她　报道　进行　最　亿　因为　讯　目前　可能　发展　至　指出　新闻　日本　该　党　认为　可以　关系　很　次　新加坡　公司　或　出　把　马　其　由　之　美　比　如果（66）

（续上表）

覆盖率（%）	词种（词种数）
30～40	则 工作 给 以及 不过 地 人民 今年 希望 包括 主席 国际 自己 这个 警方 政治 美元 总统 内 再 高 记者 因此 计划 有关 却 发生 第 拉 令 铢 必须 副 市场 好 岁 调查 才 可 起 媒体 这些 只 支持 据 三 阿 要求 投资 社会 得 过 州 活动 位 成为 影响 日 开始 一些 香港 通过 达 世界 同时 事件 方面 举行 又 小 回 获得 但是 吉 着 由于 时间 决定 应该 情况 其中 做 继续 行动 消息 今天 伊拉克 政策 出现 议员 管理 去年 你 拿督 元 大陆 接受 首相 合作 约 朝鲜 曾 现在 北京 需要 受 台 昨天 系统 泰国 报 联合 因 主要 宣布 打 其他 人员 去 首 就是 华 虽然 任何 第一 透露 月 提供 陈水扁 发现 选举 总 代表 安全 是否 人士（136）
40～50	组织 官员 仍 当 增加 大选 为了 会议 提出 应 能够 项 解决 此 学生 发表 两岸 看 企业 民众 它 马来西亚 部长 里 用 较 称 增长 重要 非常 所有 我国 服务 价格 阵 所以 今日 各 指数 根据 反 家 这样 使 无法 场 想 总理 成 者 特别 网站 事 国会 电 自 还是 全球 民主 布什 早 未 报告 教 导致 银行 指 票 那 之后 造成 选 如 相信 综合 机构 全国 另 显示 份 地区 面对 大马 股 准备 国内 受到 没 而且 走 结果 论坛 本报 出席 超过 对于 作为 独立 最后 案 什么 知道 未来 领袖 同 针对 了解 来自 委员会 巴 每 们 相关 韩国 早报网 第二 印尼 除了 当局 选民 正 过去 历史 即 使用 种 强调 采取 参与 此外 建议 当地 这种 外 金融 展开 吉隆坡 作出 措施 严重 之前 许多 不会 研究 当时 另外 太 候选人 股市 机会 拥有 只是 进入 无 连 这次 参加 成功 只有 和平 目标 访问 甚至 战 英 亚洲 四 英国 一直 比赛 正在 处理 贸易 很多 之间 局势 教育 利益 间 地方 遭 这项 传媒 市 提高 如何 方式 公 取得 生活 投 双方 非 上述 达到 文化 协助 年 还有 不能 前往 加强 民 几 成立 国民党 居民 分钟 时候 长 中心 联 女 仙 开 战争 期间 能力 明年 区 本届 若 作 获 近 号 自由 不同 完成 产品 占 感到 会谈 以来 人数 表现 成员 区域 组 点 共 公布 法律 竞选 伊朗（246）

第三节 高频词语的词长分布与用字统计

我们将覆盖率达到90%时的所有词语称为高频词语。华文语料的高频词语共9 331个。

表54显示了高频词语的词长分布情况：

表54 高频词语的词长分布

词长	词种数	比例（%）
1	1 728	18.52
2	6 480	69.45
3	885	9.48
4	175	1.88
5	50	0.54
6	12	0.13
7	1	0.01
总计	9 331	100

从表54可以看到，华文语料约70%的词种是二字词。单字词也比较多，约占1/5。

表55显示了高频词语的具体用字情况：

表55 华文语料高频词语用字情况

汉字总使用次数	18 126
字种数	2 387
平均每个词语由多少个汉字组成	1.94
平均每个汉字使用多少次	7.59
平均每个汉字在多少个词语中出现	3.91

表56显示了高频词语的高频用字情况：

表 56   高频词语的前 20 个高频用字及其构词数

字	人	国	大	一	不	会	中	出	上	年
构词数	124	119	100	99	90	89	85	84	83	71
字	政	行	长	部	日	民	下	来	生	主
构词数	70	69	66	64	61	61	59	58	58	57

表 57 显示了高频词语用字的分布情况：

表 57   高频词语用字分布情况

构词数	≥100	99 ~ 80	79 ~ 50	49 ~ 20	19 ~ 10	9 ~ 3	2	1	总计
字种数	3	6	20	189	334	881	350	604	2 387
比例（%）	0.13	0.25	0.84	7.92	13.99	36.91	14.66	25.30	100

从表 57 可以看出，华文语料高频词语用字当中，构词数为 1 的字种比较多，占到高频词语用字总字种的 25.30%，约 1/4；构词数 1 ~ 9 的字种非常多，占到高频词语用字总字种的 76.87%，约 3/4；构词数大于等于 100 的字种非常少，只占到高频词语用字总字种的 0.13%。这说明华文语料中大多数字种的构词能力比较低。

第四节   成语使用情况调查

进行使用情况调查的成语是以被分词标注软件标注为成语（词性标记为 i）的词语为基础的。由于分词标注软件对成语的界定是根据训练语料中人工标注的结果而定的，存在主观性，对于标注为成语的词语，我们用使用面比较广、规范性比较强的《新华成语词典》①进行过滤，只保留出现在《新华成语词典》中的成语。

表 58 是成语在全部词语和高频词语（指的是覆盖率达到 90% 时的词语）中的分布情况：

---

① 商务印书馆辞书研究中心. 新华成语词典 [Z]. 北京：商务印书馆，2008.

表 58 成语在全部词语和高频词语中的分布

考察范围	词种数	词种比例（％）	频次	频次比例（％）
在全部词语中	3 539	0.55	260 262	0.28
在高频词语中	7	0.08	7 331	0.01

由表 58 可以初步判定，成语较少出现于高频词中，而较多出现在低频词中。表 59 是出现在高频词语中的七个成语：

表 59 出现在高频词语中的七个成语

成语	频次	文本数	在总词表中的频序	此时的覆盖率（％）
前所未有	1 374	1 291	6 891	87.17
众所周知	1 253	1 209	7 337	87.79
当务之急	1 036	961	8 312	88.98
全力以赴	945	858	8 787	89.47
掉以轻心	919	827	8 926	89.61
理所当然	906	846	9 005	89.69
先发制人	898	591	9 045	89.73

表 60 是频次排在前 100 位的成语：

表 60 频次排在前 100 位的成语

成语	频次	成语	频次	成语	频次	成语	频次	成语	频次
前所未有	1 374	沸沸扬扬	660	轩然大波	551	坚定不移	460	一触即发	409
众所周知	1 253	不劳而获	657	无家可归	549	一如既往	458	措手不及	407
当务之急	1 036	雪上加霜	653	异口同声	547	破天荒	457	安然无恙	403
全力以赴	945	不约而同	649	突如其来	540	议论纷纷	439	有机可乘	401
掉以轻心	919	有目共睹	637	讨价还价	535	数以万计	434	意想不到	399
理所当然	906	来龙去脉	632	一厢情愿	532	安居乐业	432	每况愈下	399
先发制人	898	层出不穷	629	不堪设想	512	罪魁祸首	429	与众不同	397
脱颖而出	847	拭目以待	615	绳之以法	510	循序渐进	429	水落石出	395

（续上表）

成语	频次	成语	频次	成语	频次	成语	频次	成语	频次
卷土重来	819	自给自足	612	马不停蹄	496	口口声声	429	不择手段	395
成千上万	810	如火如荼	603	可想而知	495	无能为力	429	想方设法	389
引人注目	755	供不应求	600	显而易见	486	有朝一日	427	水涨船高	387
不可思议	740	何去何从	597	一视同仁	483	出人意料	426	东山再起	387
所作所为	738	不遗余力	578	截然不同	482	铤而走险	423	微不足道	383
举足轻重	717	息息相关	577	迫不及待	477	实事求是	422	发扬光大	380
一意孤行	702	悬而未决	575	针锋相对	472	莫名其妙	422	视而不见	379
挺身而出	692	相提并论	572	耐人寻味	468	忧心忡忡	418	小心翼翼	376
史无前例	681	背道而驰	562	势在必行	467	一举一动	412	逍遥法外	371
更上一层楼	675	不翼而飞	560	逃之夭夭	464	不言而喻	412	在所难免	369
不以为然	670	取而代之	556	不了了之	462	千方百计	411	难以置信	369
首当其冲	668	接二连三	552	无可奈何	462	错综复杂	410	紧锣密鼓	363

第八章　华文语料和监测语料的词语对比研究[①]

本章对华文语料和监测语料，进行了词语使用的对比研究，如频次与词种数的关系对比、词语的覆盖率对比、高频区段词语的共用独用调查、高频词语的频序比、高频词语的词长分布对比、高频词语用字对比和成语对比分析。

华文语料词语使用基本情况如下：

词语总频次：93 792 891。

词种数：648 086。

监测语料词语使用基本情况如下：

词语总频次：2 145 386 164。

词种数：5 897 396。

第一节　频次与词种数的关系对比

频次和词种数的关系反映语料库中词语使用的集中度和离散程度。

表 61 列出了华文语料和监测语料词语的频次与词种数关系对比情况：

表 61　频次与词种数的关系对比

语料	频次 = 1		频次 ≤ 5		频次 < 10		频次 ≥ 10		总词种数
	词种数	比例（%）	词种数	比例（%）	词种数	比例（%）	词种数	比例（%）	
华文语料	361 891	55.84	525 822	81.13	556 260	85.83	91 826	14.17	648 086
监测语料	3 140 838	53.26	4 901 787	83.12	5 230 213	88.69	667 183	11.31	5 897 396

从表 61 可以看到，华文语料和监测语料中频次为 1 的低频词词种超过了各

---

① 本章部分内容曾发表于国家语言资源监测与研究中心编的《中国语言生活状况报告 2008》（下编）（北京：商务印书馆，2009 年）。

自总词种的一半；频次不超过 5 的词种，在华文语料占的比例为 81.13%，监测语料为 83.12%；频次低于 10 的词，华文语料占的比例为 85.83%，监测语料为 88.69%。从比例来看，二者都是以频次较低的词为主，监测语料中较低频次的词（<10）所占的比例稍高于华文语料，华文语料中的高频词（≥10）比例则高于监测语料，当然，这跟语料规模也有较大关系。

第二节　词语的覆盖率对比

一、不同覆盖率词种数对比

表 62 列出了 10%~99% 各区段覆盖率的词种数情况：

表 62　华文语料和监测语料不同覆盖率词种数对比

华文语料			监测语料		
覆盖率	词种数	占总词种比例（%）	覆盖率	词种数	占总词种比例（%）
10	6	0.00	10	5	0.00
20	34	0.01	20	32	0.00
30	100	0.02	30	103	0.00
40	236	0.04	40	267	0.00
50	482	0.07	50	576	0.01
60	955	0.15	60	1 132	0.02
70	1 836	0.28	70	2 210	0.04
80	3 703	0.57	80	4 658	0.08
90	9 331	1.44	90	12 602	0.21
99	102 949	15.89	99	192 980	3.27
100	648 086	100	100	5 897 396	100

从表 62 可以看到，覆盖率从 10% 到 50% 时，监测语料和华文语料的词种数相差并不大；从 60% 到 90% 时，词种数的差别开始加大；覆盖率为 99% 时，词种数差别较大，监测语料的词种数几乎是华文语料词种数的两倍。

总体上，监测语料和华文语料的高频词（覆盖率低于 90% 时）的词种数相差不大，覆盖率越低，词种数的差别越小，这从图 3 可以更形象地看到。这说明二者在用词上都以高频词为主，高频词的使用相差不大。

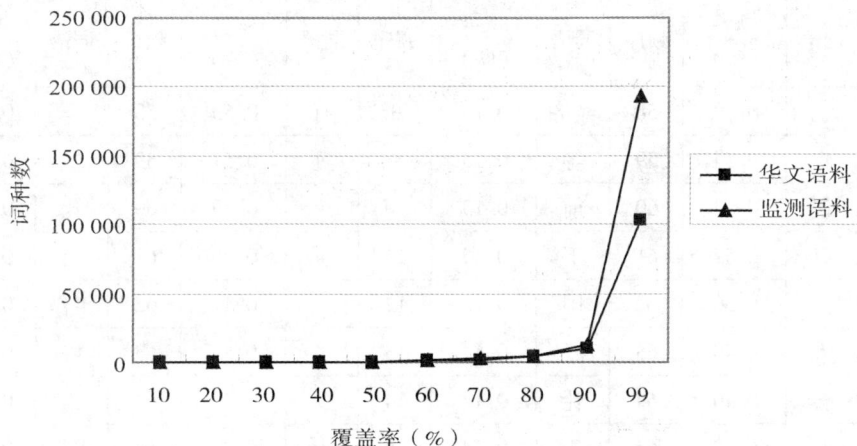

图3　华文语料和监测语料不同覆盖率词种数对比

二、华文语料和监测语料的前 100 位词语

为了具体地显示二者高频词的使用情况，表 63 列出了华文语料和监测语料中频序前 100 位的词语：

表 63　华文语料和监测语料频序前 100 位词语

华文语料						监测语料					
频序	词语	频率（%）	频序	词语	频率（%）	频序	词语	频率（%）	频序	词语	频率（%）
1	的	5.21	51	一个	0.18	1	的	5.58	51	着	0.16
2	在	1.56	52	还	0.18	2	在	1.38	52	他们	0.16
3	是	1.14	53	更	0.17	3	了	1.26	53	两	0.16
4	和	0.72	54	国家	0.17	4	是	1.16	54	公司	0.16
5	他	0.71	55	来	0.16	5	和	0.75	55	名	0.16
6	了	0.61	56	从	0.16	6	一	0.69	56	能	0.15
7	不	0.61	57	向	0.16	7	不	0.59	57	市场	0.15

（续上表）

华文语料						监测语料					
频序	词语	频率（%）	频序	词语	频率（%）	频序	词语	频率（%）	频序	词语	频率（%）
8	也	0.59	58	经济	0.15	8	有	0.53	58	下	0.15
9	将	0.54	59	等	0.15	9	这	0.51	59	她	0.15
10	说	0.53	60	前	0.15	10	个	0.49	60	让	0.15
11	有	0.52	61	下	0.15	11	也	0.46	61	更	0.14
12	一	0.50	62	国	0.15	12	他	0.41	62	工作	0.14
13	人	0.40	63	已经	0.14	13	中	0.41	63	好	0.14
14	会	0.40	64	让	0.14	14	我	0.40	64	出	0.14
15	对	0.40	65	于	0.14	15	上	0.40	65	进行	0.14
16	中	0.39	66	所	0.14	16	人	0.39	66	已经	0.14
17	中国	0.38	67	能	0.14	17	对	0.39	67	你	0.14
18	这	0.37	68	她	0.14	18	将	0.39	68	问题	0.14
19	与	0.36	69	报道	0.14	19	到	0.36	69	给	0.14
20	为	0.34	70	进行	0.14	20	为	0.36	70	发展	0.13
21	而	0.30	71	最	0.14	21	就	0.35	71	可以	0.13
22	都	0.30	72	亿	0.14	22	说	0.32	72	把	0.12
23	上	0.29	73	因为	0.13	23	都	0.31	73	企业	0.12
24	到	0.29	74	讯	0.13	24	大	0.30	74	已	0.12
25	表示	0.29	75	目前	0.13	25	与	0.29	75	目前	0.12
26	以	0.28	76	可能	0.13	26	等	0.26	76	表示	0.12
27	被	0.28	77	发展	0.13	27	中国	0.26	77	高	0.11
28	个	0.27	78	至	0.13	28	要	0.24	78	看	0.11
29	后	0.27	79	指出	0.13	29	我们	0.24	79	又	0.11
30	名	0.26	80	新闻	0.12	30	多	0.24	80	向	0.11
31	并	0.25	81	日本	0.12	31	记者	0.24	81	得	0.11
32	就	0.25	82	该	0.12	32	后	0.23	82	位	0.11

（续上表）

华文语料						监测语料					
频序	词语	频率（%）	频序	词语	频率（%）	频序	词语	频率（%）	频序	词语	频率（%）
33	及	0.25	83	党	0.12	33	会	0.23	83	过	0.11
34	美国	0.24	84	认为	0.12	34	而	0.23	84	一个	0.11
35	大	0.24	85	可以	0.12	35	被	0.22	85	于	0.11
36	我	0.22	86	关系	0.12	36	还	0.22	86	前	0.11
37	但	0.22	87	很	0.12	37	但	0.22	87	时间	0.11
38	时	0.22	88	次	0.12	38	从	0.21	88	北京	0.11
39	新	0.22	89	新加坡	0.12	39	没有	0.19	89	小	0.10
40	要	0.22	90	公司	0.11	40	并	0.19	90	其	0.10
41	多	0.21	91	或	0.11	41	很	0.18	91	种	0.10
42	没有	0.21	92	出	0.11	42	以	0.18	92	之	0.10
43	我们	0.21	93	把	0.11	43	元	0.18	93	据	0.10
44	他们	0.21	94	马	0.11	44	最	0.18	94	可能	0.10
45	问题	0.20	95	其	0.11	45	新	0.18	95	做	0.10
46	台湾	0.19	96	由	0.11	46	地	0.17	96	万	0.10
47	两	0.19	97	之	0.10	47	来	0.17	97	因为	0.10
48	政府	0.19	98	美	0.10	48	次	0.17	98	比赛	0.09
49	已	0.18	99	比	0.10	49	自己	0.17	99	可	0.09
50	万	0.18	100	如果	0.10	50	时	0.16	100	家	0.09

三、覆盖率分别为 10% ~50% 时的词种对比

为了更具体地观察华文语料词语的使用情况，表64列举了华文语料和监测覆盖率从10%到50%的词种：

表64 华文语料和监测语料中覆盖率10%~50%的词种

覆盖率（%）	词种（词种数）	
	华文语料	监测语料
0~10	的 在 是 和 他 了 (6)	的 在 了 是 和 (5)
10~20	不 也 将 说 有 一 人 会 对 中 中国 这 与 为 而 都 上 到 表示 以 被 个 后 名 并 就 及 美国 (28)	一 不 有 这个 也 他 中 我 上 人 对 将 到 为 就 说 都 大 与 等 中国 要 我们 多 记者 后 (27)
20~30	大 我 但 时 新 要 多 没有 我们 他们 问题 台湾 两 政府 已 万 一个 还 更 国家 来 从 向 经济 等 前 下 国 已经 让 于 所 能 她 报道 进行 最 亿 因为 讯 目前 可能 发展 至 指出 新闻 日本 该 党 认为 可以 关系 很 次 新加坡 公司 或 出 把 马 其 由 之 美 比 如果 (66)	会 而 被 还 但 从 没有 并 很 以 元 最 新 地 来 次 自己 时 着 他们 两 公司 名 能 市场 下 她 让 更 工作 好 出 进行 已经 你 问题 给 发展 可以 把 企业 已 目前 表示 高 看 又 向 得 位 过 一个 于 前 时间 北京 小 其 种 之 据 可能 做 万 因为 比赛 可 家 开始 用 本报 (71)
30~40	则 工作 给 以及 不过 地 人民 今年 希望 包括 主席 国际 自己 这个 警方 政治 美元 总统 内 再 高 记者 因此 计划 有关 却 发生 第 拉 令 铢 必须 副 市场 好 岁 调查 才 可 起 媒体 这些 只 支持 据 三 阿 要求 投资 社会 得 过 州 活动 位 成为 影响 日 开始 一些 香港 通过 达 世界 同时 事件 方面 举行 又 小 回 获得 但是 吉 着 由于 时间 决定 应该 情况 其中 做 继续 行动 消息 今天 伊拉克 政策 出现 议员 管理 去年 你 拿 督 元 大陆 接受 首相 合作 约 朝鲜 曾 现在 北京 需要 受 台 昨天 系统 泰国 报 联合 因 主要 宣布 打 其他 人员 去 首 就是 华 虽然 任何 第一 透露 月 提供 陈水扁 发现 选举 总 代表 安全 是否 人士 (136)	社会 经济 现在 去 就是 美国 今年 认为 如果 里 三 这样 由 国家 通过 人员 股 成为 起 该 想 比 情况 所 车 国际 这些 内 再 但是 场 却 同时 讯 及 价格 活动 世界 第一 岁 们 至 打 出现 建设 一些 新闻 只 或 没 这个 还是 方面 服务 非常 产品 由于 要求 时候 投资 部门 管理 主要 它 才 对于 生活 那 走 什么 发生 需要 重要 报道 发现 其中 作为 全国 成 则 称 政府 技术 万元 以及 亿 希望 文化 有关 当 之后 提供 影响 副 了解 昨天 孩子 像 今天 所有 项目 汽车 美元 一直 使 开 较 参加 首 太 所以 应该 图 安全 相关 各 学生 城市 虽然 基金 获得 进入 很多 还有 为了 钱 介绍 国内 网 此 而且 规定 因此 增长 几 年 其他 去年 美 包括 不过 媒体 点 报 月 电 银行 提高 关系 看到 机构 特别 方式 球 最后 合作 继续 广州 一定 近 比较 政策 教育 条 (164)

（续上表）

覆盖率（％）	词种（词种数）	
	华文语料	监测语料
40～50	组织 官员 仍 当 增加 大选 为了 会议 提出 应 能够 项 解决 此 学生 发表 两岸 看 企业 民众 它 马来西亚 部长 里 用 较 称 增长 重要 非常 所有 我国 服务 价格 阵 所以 今日 各 指数 根据 反 家 这样 使 无法 场 想 总理 成 者 特别 网站 事 国会 电 自 还是 全球 民主 布什 早 未 报告 教 导致 银行 指 票 那 之后 造成 选 如 相信 综合 机构 全国 另 显示 份 地区 面对 大马 股 准备 国内 受到 没 而且 走 结果 论坛 本报 出席 超过 对于 作为 独立 最后 案 什么 知道 未来 领袖 同 针对 了解 来自 委员会 巴 每 们 相关 韩国 早报网 第二 印尼 除了 当局 选民 正 过去 历史 即 使用 种 强调 采取 参与 此外 建议 当地 这种 外 金融 展开 吉隆坡 作出 措施 严重 之前 许多 不会 研究 当时 另外 太 候选人 股市 机会 拥有 只是 进入 无 连 这次 参加 成功 只有 和平 目标 访问 甚至 战 英 亚洲 四 英国 一直 比赛 正在 处理 贸易 很多 之间 局势 教育 利益 间 地方 遭 这项 传媒 市 提高 如何 方式 公 取得 生活 投 双方 非 上述 达到 文化 协助 年 还有 不能 前往 加强 民 几 成立 国民党 居民 分钟 时候 长 中心 联 女 仙 开 战争 期间 能力 明年 区 本届 若 作 获 近 号 自由 不同 完成 产品 占 感到 会谈 以来 人数 表现 成员 区域 组 点 共 公布 法律 竞选 伊朗（246）	知道 现场 号 曾 体育 信息 组织 专家 自 得到 达到 资金 大家 以上 深圳 因 调查 当时 根据 能够 进 呢 买 日本 上海 达 我国 环境 能力 使用 长 先生 关注 分钟 无 每 接受 个人 计划 品牌 张 历史 本 带 选择 解决 正在 四 米 提出 单位 版 不同 结果 实现 表现 行业 上市 改革 仍 网络 应 代表 决定 强 第 外 电话 生产 女 告诉 市 增加 研究 标准 觉得 只有 必须 那么 学校 举行 地区 国 甚至 正 仅 低 地方 消息 水平 约 二 如 一起 机会 总 不能 您 原因 第二 超过 支持 系统 卖 新浪 老 加强 拿 投资者 跟 均 法律 受 行为 手机 造成 不断 人们 内容 完成 人民 销售 昨日 未 经过 一样 吃 以来 过程 会议 事 球员 成功 奥运 届 部分 起来 制度 实施 设计 天 进一步 调整 存在 款 冠军 精神 奥运会 显示 报告 消费者 队 如何 中心 水价 业务 辆 下午 项 来说 小时 最终 发 全 交通 之间 科技 另 建立 吗 出来 日 责任 医院 事件 专业 或者 准备 人士 球队 关于 建议 结束 期间 群众 全部 全球 来自 基本 取得 是否 按照 带来 占 其实 领导 采访 市民 难 站 具有 工程 香港 金融 电影 收入 共 连 送 目标 未来 推出 线 全面 快 广告 只是 住 朋友 房 分 健康 任何 少 轮 风险 这里 基础 另外 爱 件 不仅 当地 写 学习 谁 手 直接 分别 真 数据 台 回 套 产业 段 形成 除了 创新 严重 经 正式 这种 重点 资源 家庭 保护 条件 处 赛季 双方 问 经营 份 农村 受到 此次 作用 积极 娱乐 保持 负责人 明显 观众 上午 之前 不少 参与 路 随着 过去 同 者 无法 感觉 考虑 找 五 处理 变 共同 措施 方案 公布 优势 完全 警方 事情 请 再次 透露 超 价值 帮助 利用 听 部 开展（309）

第三节　高频区段词语的共用独用调查分析

上面的分析（词语的覆盖率对比）已经说明，虽然监测语料和华文语料的总词种数随着语料量的增加，相差较大，共用率比较低，但在高频词覆盖率区段（90%之前），二者相差较小。因此，我们分别抽取监测语料和华文语料中高频区段的词作为比较对象进行共用独用分析，具体情况如表65所示：

表65　高频区段的共用独用词种

范围	共用数	独用数	共用比例（%）	华文语料独用词种	监测语料独用词种
前词100	74	26	74.00	及 美国 台湾 政府 国家 经济 国 所 报道 亿 讯 至 指出 新闻 日本 该 党 认为 关系 新加坡 或 马 由 美 比 如果	着 企业 地 好 可 你 比赛 过 工作 记者 北京 小 自己 元 做 据 位 市场 家 给 种 看 时间 高 得 又
前词1 000	716	284	71.60	新加坡 铢 阿 州 吉 伊拉克 议员 拿督 大陆 首相 朝鲜 泰国 华 陈水扁 选举 大选 两岸 民众 马来西亚 部长 阵 总理 国会 民主 布什 教 指 票 大马 出席 独立 领袖 委员会 巴 早报网 印尼 当局 选民 展开 吉隆坡 候选人 和平 访问 英 亚洲 贸易 局 势 遭 这项 传媒 公 上述 协助 前往 民 国民党 联 仙 战争 明年 若 获 自由 会谈 人数 成员 竞选 伊朗 局 反对 联合国 讨论 印度 投票 提 军事 导 九 马新社 其它 恐怖 泰 至于 政党 言论 呼吁 本地 美军 出口 读者 危机 课题 确保 槟 扁 港 发言人 公众 涉及 加入 公正 亚 威胁 巫统 担心 冲突 承认 台独 内阁 袭击 至少	图 介绍 广州 体育 信息 深圳 先生 品牌 版 行业 上市 您 卖 新浪 手机 销售 球员 设计 天 款 奥运会 消费者 队 价 专业 球队 关于 群众 全部 按照 采访 市民 线 广告 房 风险 写 套 产业 形成 创新 重点 赛季 农村 作用 娱乐 负责人 明显 观众 感觉 找 优势 超 听 开展 新华社 节 有些 广东 证券 质量 系列 联赛 花 某 按 停 以后 联系 怎么 对手 吧 期 训练 队员 用户 社区 科学 十 喜欢 位置 事故 保险 深 保障 办法 左右 编辑 现代 发布 选手 老师 状态 越来越 重大 楼 主持人 头 每天 会员 规划 叫 发挥 资产 股东 具体 省 余 空间 变化 改 范围 奖 随后 连续 几乎 完 来到 员 转 作品 东西 音乐

（续上表）

范围	共用数	独用数	共用比例（%）	华文语料独用词种	监测语料独用词种
				石油 万令吉 法令 调 禽流感 警察 外交 同意 数 外国 提升 给予 台北 律师 信心 谈判 担任 台海 安华 领导人 发出 分子 核 证实 拒绝 民进 州政府 派 团 驻 挑战 月份 行动党 大会 死者 能源 做出 槟城 警方 逮捕 工业 维持 任 千 法庭 专辑 立场 宪法 攻击 态度 另一方面 加上 接 议席 争取 可是 统 谈 季 本月 年前 油价 朝 改善 避免 计 披露 以色列 当中 权力 制造 财政 受伤 曼谷 地震 伊 跌 大约 承诺 游客 武器 本身 预测 批准 吸引 纳 沙 主持 妇女 宗 导弹 会长 解释 仪式 回应 爆炸 航空 上升 不满 法国 画 设立 愿意 援助 萨达姆 代 华人 估计 贪污 地位 签署 以便 一旦 府 升 控 非法 亦 说明 引发 目的 胡锦涛 执政 亲 欧盟 地点 反对党 至今 员工 批评 警告 官方 示威 岛 飞机 打击 缅甸 呈 否认 安 抗议 访 会上 人口 愿 离开 机场 秘书长 星期 原则 南 国民 欧 兼 蓝 星 海外 共有 即使 损失 在线 取消 供 澳洲 清楚 证明 党员 法院 必要 人物 汇率 率	投入 明确 拍 下降 医疗 片 功能 发行 犯罪 足球 门 实际 页 成都 近日 男 关键 机关 换 程度 只能 讲 持 合同 充分 财经 放 时代 啊 干部 盘 晚 推进 图片 跑 一点 坐 找到 体系 证 为什么 和谐 保证 集中 采用 机制 农民 现象 任务 注意 首先 单 十分 客户 据悉 规模 短 平均 大型 大洋 下来 书 直播 职业 有的 原价 正常 人才 每个 模式 以下 后来 车辆 电子 红 2006年 终于 长期 意义 游戏 一下 实力 平方米 店 心理 天气 电脑 整体 2005年 困难 型 民警 老人 知识 统计 事业 完善 结构 胜 既 网上 学 建筑 办 突然 倍 儿子 歌 网友 巨大 费用 容易 心 故事 车型 文章 以前 城 艺术 级 八 作者 比如 商 世纪 双 黑 自然 刚 近期 女士 那个 中国队 食品 依然 身体 女儿 不得 多少 京 房地产 体现 属于 设备 著名 评论 你们 突破 大量 培训 比例 操作 经历 多年 启动 经常 靠 普通 通 治疗 年度
前词 10 000	7 418	2 582	74.18	略	略

二者高频词的共用率比较高，约70%，这说明监测语料和华文语料在高频词方面的一致性比较高。

仔细分析二者的独用词，可以发现，各区段的华文语料独用词主要是时政新闻性的词语，特别是以具有东南亚特色的人名、地名等为主。相对而言，监测语料的独用词更倾向于常用性比较高的词语。

第四节　高频词语的频序比

这里的频序比，指的是华文语料词语的频序（按频率降序排列的位序，如"的"频率最高，频序为1）和监测语料词语频序的比值。对考察范围内的词语的频序比从低到高排列，可以得到华文语料中频序相对于监测语料相差较大的词语，这在一定程度上反映了华文语料用词的特点。

我们统计了华文语料前20 000位词语和监测语料前20 000位词语的频序比，按频序比从低到高排列的前100个词语如下：

吉隆坡　新加坡　吉　州　法令　大选　议员　阵　首相　选民　马来西亚
仙　国会　选区　台海　台湾　引述　领袖　时事　反对党　泰国　印尼
政党　扣留　曼谷　种族　当局　陈水扁　扁　竞选　局势　示威　府
朝鲜　惟　大陆　在野党　马　缅甸　国民党　候选人　统　党　马英九
课题　集会　法新社　内阁　言论　巴士　李登辉　阿　社论　民众　民进
指出　华　教　贪污　澳洲　协助　选举　华裔　柬埔寨　嫌犯　王金平
检讨　首长　泰　导　立委　台独　伊拉克　警员　谢长廷　受访　预料
民主　两岸　颂　传媒　政治　雅加达　吕秀莲　乃　台北　条文　民进党
述　克林顿　部长　东南亚　津贴　总值　理事会　著　拉　务　政权
总统

从中我们可以看到，大多为与东南亚时政新闻相关的词语，特别是反映东南亚局势以及东南亚地域特色的词语。

第五节　高频词语的词长分布对比

表66是高频词语的词长分布对比情况：

表66　高频词语的词长分布对比情况

华文语料			监测语料		
词长	词种数	比例（%）	词长	词种数	比例（%）
>7	0	0	>7	7	0.06
7	1	0.01	7	3	0.02
6	12	0.13	6	8	0.06
5	50	0.54	5	67	0.53
4	175	1.88	4	268	2.13
3	885	9.48	3	1 304	10.35
2	6 480	69.45	2	8 911	70.71
1	1 728	18.52	1	2 034	16.14
总计	9 331	100	总计	12 602	100

　　从表66可以看到，监测语料和华文语料在每一词长的分布比例相差不大。华文语料的一字词比例稍高一点，监测语料的三字词和四字词比例高一点。二者约70%的词种是二字词，但监测语料的比例稍高。

　　图4更形象地显示了二者的对比关系：

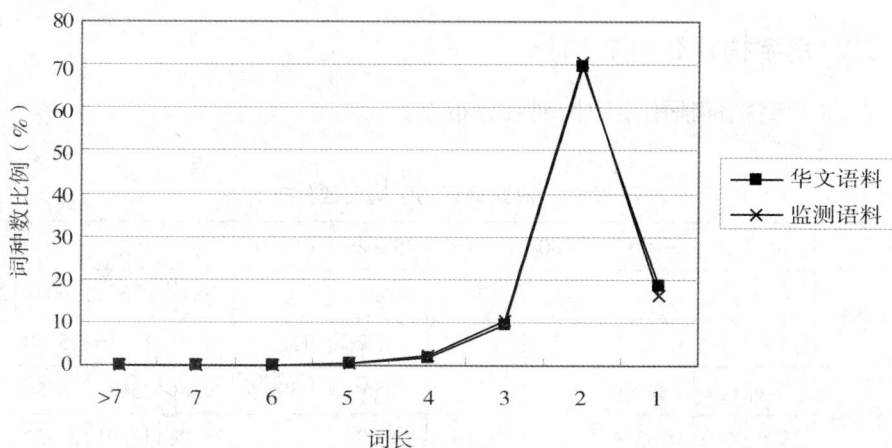

图4　高频词语的词长分布对比

第六节　高频词语用字对比

一、用字情况对比

覆盖率达到 90% 时的高频词语，华文语料共计 9 331 个，监测语料共计 12 602个。华文语料和监测语料高频词语用字情况如表 67 所示：

表67　华文语料和监测语料高频词语用字情况

语料	汉字总使用次数	总使用字种数	平均每个词语由多少个汉字组成	平均每个汉字使用次数	平均每个汉字在多少个词语中出现
华文语料	18 126	2 387	1.94	7.59	3.91
监测语料	24 947	2 688	1.98	9.28	4.69

从表 67 可以看到，由于华文语料高频词语比较集中，词种数比监测语料少了 3 271 个；高频词语中，监测语料的汉字总使用次数和字种数都比华文语料的高；监测语料平均每个词语的词长比华文语料的高 0.04；平均每个汉字使用次数也比华文语料的多 1.69；在平均每个汉字在多少个词语中出现这一项中，监测语料比华文语料高 0.78。

二、用字构词数分布对比

表 68 是高频词语用字的构词数分布表：

表68　高频词语用字构词数分布

语料	构词数	>100	99~80	79~50	49~20	19~10	9~3	2	1	总计
华文语料	字种数	3	6	20	189	334	881	350	604	2 387
	比例（%）	0.13	0.25	0.84	7.92	13.99	36.91	14.66	25.30	100
监测语料	字种数	9	6	59	256	390	966	347	655	2 688
	比例（%）	0.33	0.22	2.19	9.52	14.51	35.94	12.91	24.37	100

从表 68 可以看出，华文语料和监测语料构词数为 1 的字种比较多，分别占到总字种的 25.30% 和 24.37%，约 1/4；构词数为 1~9 的字种非常多，分别占

到总字种的 76.87% 和 73.22%，约 3/4；构词数大于 100 的字种非常少，分别只占到总字种比例的 0.13% 和 0.33%。这说明监测语料和华文语料高频字种中大多数字种的构词能力较低。

对比监测语料和华文语料的汉字构词能力，我们可以看到：构词数为 1～19 的汉字字种数两者基本上差不多，但在构词数大于 20 的汉字中，华文语料的字种数少于监测语料。

三、前 20 个高频用字对比

表 69 是具体的高频词语的高频用字情况：

表 69　高频词语的前 20 个高频用字

华文语料			监测语料			华文语料			监测语料		
频序	字	构词数	频序	字	构词数	频序	字	构词数	频序	字	构词数
1	人	124	1	人	179	11	政	70	11	分	95
2	国	119	2	大	155	12	行	69	12	家	82
3	大	100	3	一	137	13	长	66	13	行	82
4	一	99	4	不	128	14	部	64	14	生	82
5	不	90	5	中	125	15	日	61	15	车	80
6	会	89	6	国	117	16	民	61	16	日	79
7	中	85	7	出	109	17	下	59	17	业	78
8	出	84	8	上	108	18	来	58	18	发	77
9	上	83	9	年	101	19	生	58	19	有	77
10	年	71	10	会	96	20	主	57	20	下	77

从表 69 可以看到，华文语料和监测语料中共用的高频用字共 14 个：人、国、大、一、不、会、中、出、上、年、行、日、下、生。华文语料独用的高频用字有 6 个：政、长、部、民、来、主。

第七节　成语使用情况对比

表 70 是华文语料和监测语料中的成语分布情况对比：

表 70　华文语料和监测语料中的成语分布情况对比

范围	词种数		词种比例（%）		频次		频次比例（%）	
	华文	监测	华文	监测	华文	监测	华文	监测
在全部词语中	3 539	3 683	0.55	0.06	260 262	6 314 027	0.28	0.29
在高频词语中（90%）	7	35	0.08	0.28	7 331	677 720	0.01	0.04

在全部词语中，华文语料和监测语料使用成语的词种数相差很小，但由于华文语料的总词种数远远少于监测语料，因此其成语词种比例将近是监测语料的十倍，但是二者的成语使用频次比例差不多。

在高频词语中，华文语料和监测语料使用成语的词种数都很少，在词种比例上，监测语料是华文语料的三倍多；在频次比例上，监测语料是华文语料的四倍。考虑到监测语料的高频词种数（12 602）和华文语料的高频词种数（9 331）相差并不大，因此可以初步判定，华文语料的高频词语中，成语使用得相对较少。

华文语料高频词中的七个成语如下：

前所未有　众所周知　当务之急　全力以赴　掉以轻心　理所当然
先发制人

在监测语料高频词语使用的 35 个成语中，"前所未有"排在第 28 位，"众所周知"排在第 4 位，"当务之急"排在第 32 位，"全力以赴"排在第 13 位，而"掉以轻心、理所当然、先发制人"则不在这 35 个高频词语中。

第九章　华文语料特色词语调查①

本章利用自动分词和人工干预的方法，提取出具有东南亚华语特色的词语，同时对频次大于 10 的特色词语（282 个）进行了简要的提示性说明，并配上例句、频次和文本数，对前 100 个词条进行分类分析。

第一节　基本情况

对于华文语料独用词语，我们进行了人工干预，去掉了一般性的、不常用的人名、地名等专名，但保留了具有东南亚华语特色的通用专名，如"亚细安"。

同时，对于监测语料中出现频次较低，但在华文语料中出现频次较高，并且具有东南亚华语特色的词语，我们进行了人工干预，抽取出部分词语作为华文语料特色词语。

综合上面的方法，我们获得了具有东南亚华语特色的词语共 604 条，对频次 10 以上的特色词语（282 个）进行了简要的提示性说明，并配上例句、频次和文本数。

表 71 是华文语料特色词语中的前 100 个词条及其频次和文本数情况：

表 71　前 100 个华文语料特色词条

词条	频次	文本数	词条	频次	文本数
拿督	60 729	26 000	脚车	1 326	555
接获	12 790	9 671	恫言	1 295	1 197
亚细安	9 328	6 586	内阁资政	1 251	1 234
组屋	8 228	5 153	星岛	1 212	1 186
集选区	4 932	3 736	主控官	1 179	700
甘榜	4 083	2 204	愿景	1 171	968

① 暨南大学郭熙教授、祝晓宏博士对词条的选定、部分词条的释义做了大量工作，特此致谢！

（续上表）

词条	频次	文本数	词条	频次	文本数
来届	3 006	1 995	核试炸	1 160	940
兴都教	2 748	1 071	终站	1 148	655
传召	2 601	1 589	空中巴士	1 145	934
控状	2 465	1 363	沙斯	1 105	959
搭客	2 424	1 689	民防部队	1 104	980
贪腐	2 386	1 851	上诉庭	1 098	619
独立人士	2 016	762	店屋	973	572
因应	1 943	1 829	惹兰	947	808
爱之病	1 933	1 362	食水	944	681
羽球	1 919	945	乐龄人士	910	702
射脚	1 855	1 293	基层领袖	865	712
干案	1 776	1 318	国务资政	845	843
推事	1 708	666	单选区	840	724
入禀	1 705	1 073	后座议员	832	406
脱售	1 653	968	客工	801	611
巴刹	1 946	985	有者	799	640
献议	1 641	1 057	路税	762	364
执行员	1 559	1 290	固打	745	366
一般上	1 537	1 422	乱象	743	661
购兴	723	605	红毛	394	261
凭单	716	369	肇因	380	322
工院	707	517	固本	370	182
签唱会	693	535	酒廊	361	203
小贩中心	672	428	按柜金	342	237
联国	652	606	隔邻	337	305
一次过	639	594	新血	329	290
排屋	593	408	新生水	328	221

（续上表）

词条	频次	文本数	词条	频次	文本数
骑劫	590	399	常任秘书	324	297
阿窿	577	129	质素	313	292
捐血	569	296	非选区议员	304	235
卖压	559	482	落力	302	294
善信	557	299	烧芭	296	219
义款	540	291	异动	287	254
建竣	500	404	一路来	274	262
顶限	492	412	冷气机	274	176
拥车证	473	365	官式访问	272	253
抵步	449	408	小印度	268	234
私会党	435	204	O 水准	267	246
社理会	410	360	串谋	264	224
工作准证	410	286	句钟	264	234
嗜毒	406	242	亮灯	262	216
入息	402	335	健力士	258	213
摊还	401	258	现金卡	258	162
独立候选人	394	292	分层地契	258	127

第二节　华文语料特色词语分类调查

从表 71 列举的华文语料特色词语来看，华文语料特色词语主要分为如下几类（可能存在交叉）：

（1）相对于中国大陆，东南亚国家特有的职务名或社会角色等专名：

拿督　独立人士　内阁资政　国务资政　后座议员　执行员　主控官
基层领袖　常任秘书　非选区议员

（2）东南亚国家较有特色的地名专名或地名用词：

甘榜　星岛　惹兰　工院　小印度

（3）相对于中国大陆，东南亚国家较有特色的事物的用词用语：

组屋　集选区　兴都教　民防部队　单选区　小贩中心　排屋　阿隆
拥车证　私会党　社理会　工作准证　新生水　烧芭　O 水准　分层地契

（4）同一事物，东南亚国家和中国大陆的不同翻译：

亚细安　爱之病　沙斯　联国

（5）同一事物，东南亚国家直接音译自英语的词语（和（4）不一样，中国
大陆不直接音译）：

固打　固本

（6）同一事物，东南亚国家和中国大陆的称呼稍有差别的词语：

羽球　射脚　脚车　核试炸　空中巴士　冷气机　上诉庭　凭单　签唱会
官式访问　现金卡　亮灯

（7）东南亚国家沿用或翻用古语或旧词的词语：

接获　来届　传召　控状　搭客　贪腐　因应　干案　推事　入禀　脱售
献议　恫言　愿景　终站　店屋　食水　乐龄人士　客工　有者　路税
乱象　购兴　骑劫　捐血　卖压　善信　义款　建竣　顶限　抵步　嗜毒
入息　摊还　红毛　肇因　隔邻　新血　质素　异动　串谋

（8）东南亚国家来自方言的词语：

酒廊　落力　句钟　按柜金　一般上　一次过　一路来

第三节　华文语料特色词语表（频次 10 以上）①②

表 72　华文语料特色词语表（频次 10 以上）

词条	提示性释义	例句	频次	文本数
拿督	马来西亚王室给予那些对国家有贡献的人的一种荣誉称号。	8 月 3 日上午 10 时，马来西亚吴氏宗亲宗会主席拿督吴世才、第一届吴氏恳亲大会顾问吴天赐率领的马来西亚吴氏宗亲会来到泗水吴氏宗亲会进行参观访问。（印尼视窗网，2008 年 8 月 4 日）	60 729	26 000
接获	接到，获得。	新加坡动画片制作业者今天从媒体发展管理局手中接获一笔高达 1 800 万元的款项，双方将在接下来 3 年连同国际动画公司，制作 7 部电视动画片。（新加坡亚洲新闻网，2004 年 12 月 2 日）	12 790	9 671
亚细安	亚洲。	2004 年 12 月初他们参加在万隆举行的第九届亚细安文艺营和第五届世界华文微型小说研讨会，在会议期间我们共处好多天，成了好相识。（印尼《国际日报》，2004 年 12 月 7 日）	9 328	6 586
组屋	组合房屋，由新加坡建屋发展局承担建筑的楼房，为大部分新加坡人的住所。	房地产经纪郑来明说："我认为，这些组屋的价格将比一般的要高出 30% 到 45%，因为发展商应该会用比较好的材料建造，买者可以省下 3 到 4 万元的装修费。"（新加坡亚洲新闻网，2005 年 3 月 7 日）	8 228	5 153
集选区	候选人集体竞选国会议席的选区，通常由 5 到 6 个选区组成。	出席宴会的嘉宾有马林贝叻集选区国会议员法蒂马女士、中国驻新加坡总领事薛允刚、社团代表及新加坡知名黄氏企业家及黄氏宗亲两千多人，盛况空前。（印尼《国际日报》，2008 年 12 月 8 日）	4 932	3 736

---

① 本表曾经发表于国家语言资源监测与研究中心编的《中国语言生活状况报告 2008》（下编）（北京：商务印书馆，2009 年）。本次出版，重新做了修订。

② 部分词条释义参考了汪惠迪先生主编的《时代新加坡特有词语词典》（新加坡：联邦出版社，1999 年），暨南大学华文学院祝晓宏博士校对了部分释义，特此致谢！

（续上表）

词条	提示性释义	例句	频次	文本数
甘榜	乡下。	竞标者之一，佳建发展投资集团总裁区振明说："我们计划为团体提供娱乐项目，以农闲为本，设鱼池、种植果树，让多个团体成员来休闲，体验乡村和甘榜生活。"（新加坡亚洲新闻网，2006 年 12 月 5 日）	4 083	2 204
来届	下一届。	马新社引述马国选举委员会主席阿都拉昔说，预计在明年 3 月提呈国会辩论的修正法案将新增网络登记程序，这将直接导致来届大选选民数的激增。（新加坡亚洲新闻网，2005 年 12 月 27 日）	3 006	1 995
兴都教	也称印度教。	接着，来自新加坡九大宗教的代表，包括：兴都教、犹太教、佛教、道教、基督教、回教、锡克教、巴哈等都轮流上台为海啸罹难者诵经或祈祷，也为失踪者祈愿，希望奇迹的出现。（新加坡亚洲新闻网，2005 年 1 月 9 日）	2 748	1 071
传召	法庭或警方通知案件当事人前来。	苏巴士说："法官向他解释了，我们也向他解释了，不过，这不表示他不可以传召证人，他将以精神状态欠佳、行为不受控制作为答辩理由。"（新加坡亚洲新闻网，2005 年 7 月 21 日）	2 601	1 589
控状	诉状。	这起民事官司是由总统苏西诺授权总检察长提控，如今被告苏哈托已经去世，院方若要继续审理，控方必须修改控状，苏哈托继承人将成为新的被告。（印尼《国际日报》，2008 年 2 月 3 日）	2 465	1 363
搭客	乘客。	都市链接公司驻巴淡机场干事亨特拉周五通过电话表示，本月 24 日至 28 日巴淡—泗水的班机还有 70% 的空位，但如果搭客太迟订票，机票价格可能会涨至 65.5 万至 70 万盾。（印尼《国际日报》，2008 年 12 月 19 日）	2 424	1 689

（续上表）

词条	提示性释义	例句	频次	文本数
贪腐	贪污腐败的简缩。中国台湾、新加坡等地常用，中国大陆现在也用。	台湾地区前总统陈水扁家族洗钱贪腐案、泰国政变产生的动荡局势，倍受国际社会的关注。（印尼《国际日报》，2008 年 12 月 17 日）	2 386	1 851
独立人士	以个人身份参加议员竞选的人。	香港前政务司长陈方安生宣布，将以独立人士的身份，参加 12 月 2 日举行的立法会补选，填补因病逝世的民建联主席马力空出的议席。（新加坡亚洲新闻网，2007 年 9 月 12 日）	2 016	762
因应	适应，顺应，采取措施应对。	日本媒体披露说，为了因应台海危机，美国国防部已经在太平洋军区成立一支快速应变部队，以提升机动力，必要时将利用第七舰队的旗舰蓝岭号成立作战中心，展开运作。（新加坡亚洲新闻网，2004 年 12 月 23 日）	1 943	1 829
爱之病	艾滋病。	新加坡卫生部长许文远表示，他赞成让孕妇接受强制性爱之病检测，他也表示，新加坡已经进入第二波的爱之病疫潮，也就是越来越多女性感染爱之病。（新加坡亚洲新闻网，2004 年 12 月 4 日）	1 933	1 362
羽球	羽毛球。	维文也宣布，在基里玛路有 55 年的历史的新加坡羽球馆及羽球总会，由于土地租约在 08 年 1 月底到期，会暂时搬到体育学校，直到体育城在五年后落成才搬过去。（新加坡亚洲新闻网，2007 年 10 月 9 日）	1 919	945
射脚	射手。	第 72 分钟，久攻不下的沙地队终于取得领先，立功的尤尼斯赛后更是当选本届亚洲杯最佳射脚和最佳球员。（新加坡新动网，2008 年 12 月 26 日）	1 855	1 293

（续上表）

词条	提示性释义	例句	频次	文本数
干案	作案。	警方相信，案发时间是在6月15日，嫌凶是独自干案，不过目前还没有办法找出确实的案发地点、干案动机、怎样干案以及他和女死者之间进一步的关系。（新加坡亚洲新闻网，2005年6月17日）	1 776	1 318
推事	审判。	本地上市公司创业公司（Venture Corp）总裁王玉强的妻子陈秀芬（译音 Tan Siew Hoon），今天在推事庭被控，指她于去年9月掌掴空姐。（新加坡《联合早报》，2008年3月13日）	1 708	666
入禀	向法庭提出诉讼。	覃美金在入禀状中作出多项要求：包括要求法庭下令信托公司交出梅艳芳去世前所写下任何有关遗产的文件，包括去年12月3日所立的遗嘱在内。（新加坡亚洲新闻网，2004年3月3日）	1 705	1 073
脱售	抛售。	新加坡电信公司今天说，它已经以1元美金的价格，脱售其持有的莱科斯（Lycos）亚洲的全部股份，新航持有该公司50%的股份，买下股份的是莱科斯公司。（新加坡亚洲新闻网，2004年3月10日）	1 653	968
巴刹	菜市，菜场，集市。巴刹里不但卖蔬菜和肉类等副食品，也卖布匹、服装、香烛等货物，还有饮食摊档。	设立在惹兰丁雅20年的露天临时巴刹小贩，向黄锦鸿反映巴刹须要水供和足够的垃圾桶，不过黄锦鸿吁请小贩们成立协会来处理水供问题，他同时也将协助小贩申请合法化，以便享有巴刹应有的基本设施。（马来西亚《光华日报》电子新闻，2007年12月16日）	1 646	985
献议	建议。	伊朗最高核子官员在一份星期三刊出的报道中警告，如果欧洲不接受其有关铀浓缩的献议，就必须承担伊朗核问题谈判破局的风险。（新加坡亚洲新闻网，2005年4月20日）	1 641	1 057

（续上表）

词条	提示性释义	例句	频次	文本数
执行员	一种职级。参见"执行级"。	该公司首席执行员说，该公司于 7 月 26 日接获一名报案的人员的投报，指位于甲洞斯里宜信花园出现一堆为数 200 多封的信件，即刻派员前往调查时，才揭发有关的案件。（新加坡亚洲新闻网，2004 年 12 月 8 日）	1 559	1 290
一般上	一般、一般情况下。	国立教育学院华文学习科技研究室主任蔡志礼博士说："我们的电脑系统能够熟悉新加坡的孩子一般上的用语，如他们的词汇、他们的句型、他们的声调起伏、他们的表达方式等。"（新加坡亚洲新闻网，2005 年 4 月 14 日）	1 537	1 422
脚车	自行车。	德国的脚车制造商，一半以上的脚车零件向来都是从美国进口的，不过，现在制造商决定取消美国的订单，这将导致供应商每年的销售额减少百分之三十以上。（新加坡亚洲新闻网，2003 年 3 月 28 日）	1 326	555
恫言	扬言，警告。	去年 10 月，国安俱乐部曾恫言要抵制中国首赛季的中国足球超级联赛，过后引发了要求中国足球改革的风暴，也逼使中国足球协会答应公开账目，并改善足球联赛环境。（新加坡亚洲新闻网，2005 年 3 月 22 日）	1 295	1 197
内阁资政	新加坡前总理李光耀于 1990 年从总理职位退下来后，继任总理吴作栋为了继续发挥李光耀在内政外交上的才华和经验，设立了新加坡内阁资政一职，以使李光耀继续留在内阁中做一些政策咨询。	新加坡内阁资政李光耀鼓励新加坡人，如果在家中常用英语沟通，不妨把小孩送到讲中文的幼稚园上课。（新加坡亚洲新闻网，2004 年 12 月 13 日）	1 251	1 234

（续上表）

词条	提示性释义	例句	频次	文本数
星岛	指新加坡。	林学大是新加坡美术史上一个无法忽略的名字，他从厦门来到星岛，创办了南洋美专作育英才，也是南洋风格画作的先驱之一。（新加坡《联合早报》，2009 年 1 月 13 日）	1 212	1 186
主控官	以公诉人身份出庭起诉或上诉的公务员。	这起案件的主控官称金大汉的罪行理应被判死刑，但法院称金大汉有悔改之心，而且在案发当时金的神智不清，所以给予终身监禁的刑罚。（新加坡亚洲新闻网，2003 年 8 月 6 日）	1 179	700
愿景	所向往的前景。	欧洲已逐渐发觉美国总统布什的"愿景"或许真能实现，因为这样，欧洲也必须停止为其提供的政治好处要求过高的代价。（新加坡亚洲新闻网，2005 年 2 月 25 日）	1 171	968
核试炸	核试验。	对于朝鲜一意孤行进行核试炸行为，分析家认为，朝鲜的举动，对东北亚和国际关系格局，产生了强力的冲击，而且可能引发核武器竞赛。（新加坡亚洲新闻网，2006 年 10 月 9 日）	1 160	940
终站	终点站。	樟宜机场目前正在进行百万元的整修行动，而为了应亚洲渐受欢迎的廉价航空需求，樟宜机场也将建造一所专为廉价航空而设的航空终站。（新加坡亚洲新闻网，2004 年 12 月 30 日）	1 148	655
空中巴士	airbus，是指欧洲空中客车公司生产的大型客机。中国称"空中客车"。	A380 公司今天公布空中巴士 A380 型巨无霸客机首航单程机票网络竞标的起标价格和时间，有意乘坐首航的人士将可从 27 日起上网竞标，而所有首航卖出机票所得，都将捐给慈善机构。（泰国《世界日报》，2007 年 8 月 25 日）	1 145	934

（续上表）

词条	提示性释义	例句	频次	文本数
沙斯	非典型肺炎。SARS 的音译。也写作"萨斯"。	他指，预算案的宽减措施是应做就做，亦有能力做，因为香港在沙斯期间的艰难时间，要求市民共度时艰，现在经济情况好转，应回馈社会。（新加坡《联合早报》，2008 年 2 月 28 日）	1 105	959
民防部队	专事紧急救援的服务部队。	新加坡内政部长黄根成今天说，新加坡的警察部队和民防部队正在接受一系列反恐的训练课程，其中包括如何对付自杀式袭击。（新加坡亚洲新闻网，2005 年 2 月 3 日）	1 104	980
上诉庭	负责民事和刑事上诉管辖权的法庭。	因为谋杀中国女工刘红梅而被判死刑的被告梁少初的上诉被上诉庭驳回，他如今只能寻求总统特赦，才有可能逃过死刑。（新加坡亚洲新闻网，2006 年 9 月 27 日）	1 098	619
店屋	商铺	在店屋方面，市区重建局的数据显示，今年首季的店屋价格指数比上个季度增长 1%，相比较而言，上个季度的店屋环比增幅为 0.5%。（新加坡亚洲新闻网，2005 年 4 月 22 日）	973	572
惹兰	马来语 Jalan 音译，常用于街道、道路、小路的专名中。	位于吉隆坡惹兰路的红宝石百货市场，由于市议会未在这里划分摩托车停车位，在该楼上班及办事的摩托车骑士，因没有停放位置而将摩托车停放在人行道及出口。（马来西亚《光华日报》电子新闻，2007 年 12 月 7 日）	947	808
食水	饮用水。	国际社会对受灾国的救援行动已经展开，多个国家已经将食物、食水和药品送到斯里兰卡和泰国的重灾区。（新加坡亚洲新闻网，2004 年 12 月 30 日）	944	681

（续上表）

词条	提示性释义	例句	频次	文本数
乐龄人士	指年长者。	去年，新加坡每12个人当中，就有1个是65岁或以上的乐龄人士，到了2030年，这个比例将缩小到每5个人就有一个是乐龄人士。（新加坡亚洲新闻网，2006年2月16日）	910	702
基层领袖	社区基层组织的领导人。	阿裕尼集选区议员王世丰医生说："到目前为止，我当然会去了解一下那边的情况啦，我们有些初步的接触，不过我还没正式地跟那边的基层领袖接触。"（新加坡亚洲新闻网，2006年3月12日）	865	712
国务资政	在新加坡指国家事务顾问。资政是中国古代官职，已成为历史词。	新加坡总理李显龙、内阁资政李光耀、国务资政吴作栋以及将近一半的内阁成员、国会议员、罹难者家属、公众，一共大约5 000人参加了这场哀悼会。（新加坡亚洲新闻网，2005年1月9日）	845	843
单选区	每个政党只能派出一名候选人竞选国会议席的选区，这个选区被称为单选区。	宏茂桥中心属于新划分出来的杨厝港单选区，成汉通表示，翻新工程是执政党过去4年多来为居民提供的福利，他因此相信居民是支持他的。（新加坡亚洲新闻网，2006年3月4日）	840	724
后座议员	普通议员。因在议会开会时坐在后排议席而得名。译自英语"back - bencher"。	由于吴总理领导政府多年，丹戎巴葛集选区议员英兰妮认为，凭着他的丰富经验和与其他外国领袖建立起来的良好关系，吴总理只当后座议员太可惜。（新加坡《联合早报》，2004年7月18日）	832	406
客工	外来工。	有社会人士担心，大批客工的离去会造成一些工程的人手严重短缺，不过政府重申，马来西亚的工业还可以容纳大批外国劳工，只要他们通过正当管道入境，政府一律欢迎。（新加坡亚洲新闻网，2005年2月18日）	801	611

（续上表）

词条	提示性释义	例句	频次	文本数
有者	有的人。	台湾传媒连日对李副总理此行作出不同的揣测和解读，有者指他是要商谈两岸课题、为两岸传话，也有者指张志贤准将随行，是为了和台湾高层洽谈国防合作。（新加坡《联合早报》，2004年7月16日）	799	640
路税	相当于养路费。	阿都哈里表示，这些偷来的汽车和一般入境的新加坡汽车一样，都有缴付路税，但是，过后却再也没有出境记录，车主也没有缴付任何的汽车进口税。（新加坡亚洲新闻网，2004年2月8日）	762	364
固打	配额、限额。	就拿华人最关注的教育来说，虽然进入大学后的固打制近年来以绩效制取代，不过却是变相的固打制，许多成绩标青的华裔子弟纷纷进不了大学，一些则得不到属意的科系。（新加坡《联合早报》，2006年10月2日）	745	366
乱象	中国台湾、新加坡常用，指混乱的局面，混乱的现象。现中国大陆也用。	根据报道，美军正在加紧在提克里特的各个交通要道设置检查站，全面搜寻以共和国卫队突击队员为主的伊军残余分子，同时也防止暴民到处掠夺的乱象在这里上演。（新加坡亚洲新闻网，2003年4月15日）	743	661
购兴	购买的兴趣或欲望。	受到其他基本金属特别是铜市场不振所累，兼及市场缺乏购兴，黄金受支持短暂，其价格转回跌。（新加坡《联合早报》，2007年5月21日）	723	605
凭单	单据、凭证。现中国大陆也用。	原因出在本地证券行，德意志摩根建富证券一名交易商，错把星展集团母股看成星展集团凭单，并挂出了每股27分的卖单，导致星展银行下滑2.4%。（新加坡新动网，2007年5月25日）	716	369

（续上表）

词条	提示性释义	例句	频次	文本数
工院	理工学院，相当于大学程度的专科学院。	新加坡有一批工院学生，有机会为一个著名的品牌做市场推销，宣传产品，吸取实际工作经验，并为自己的毕业作业争取高分。（新加坡亚洲新闻网，2007 年 1 月 7 日）	707	517
签唱会	签名演唱会。	昨天除了是五月天改版专辑《为爱而生》的签唱会外，也是新加坡演唱会门票的首卖会，门票在 IMM 的 SISTIC 首先发售，今天才开始在全岛发售。（新加坡亚洲新闻网，2007 年 3 月 17 日）	693	535
小贩中心	新加坡政府建造的出售各种物品、吃食的地方。	至于小贩中心和咖啡店，由于空气比较流通，加上调查显示公众倾向于在这些地方设立吸烟角，这些地方是否禁烟，有待当局进一步探讨，到了今年年底才作出决定。（新加坡亚洲新闻网，2005 年 3 月 8 日）	672	428
联国	联合国。	美国在伊拉克问题上将寻求联国支持，要求以美国为首的驻伊部队转换为多国部队。（新加坡亚洲新闻网，2003 年 9 月 3 日）	652	606
一次过	一次性。	新加坡公务员将能在 7 月获得 0.4 个月的常年可变动花红，所有公务员也可以一律获得一次过 200 元的花红。（新加坡亚洲新闻网，2005 年 6 月 1 日）	639	594
排屋	成排相连的房屋，英文 terrace house 的意译。	距金边塔子山约 16 公里的三号公路向左转入 500 米处，即朗哥区宗周分区，有一座叫"和平城"的住宅区，共 2 000 余间排屋由 7NG 公司所建。（柬埔寨中文网，2007 年 6 月 26 日）	593	408
骑劫	劫持。	美国总统布什早在 911 事件发生的前一个月就获得通知：恐怖组织卡伊达的支持者准备在美国境内制造爆炸案和骑劫飞机。（新加坡亚洲新闻网，2004 年 4 月 10 日）	590	399

（续上表）

词条	提示性释义	例句	频次	文本数
阿窿	放高利贷的人或团伙。	警方在 8 个小时的环岛追捕行动中，成功捣毁一个涉及 40 起非法借贷和骚扰案件的阿窿集团，包括首脑在内，共有 16 人落网。（新加坡亚洲新闻网，2004 年 5 月 6 日）	577	129
捐血	献血。	最后他介绍了关于月底慈济将与泗水红十字会联合举行捐血活动，他希望大家踊跃参与，出一份力，让更多人受益，让大爱温暖本地区需要帮助的人。（印尼《国际日报》，2008 年 5 月 18 日）	569	296
卖压	卖方对市场行情所形成的压力。	社论指出，人民币会面临升值压力，主要是因为资本只能自由进入中国，但不能自由出境，"若真正允许市场来决定人民币的币值，很快的它就会面临卖压"。（新加坡亚洲新闻网，2003 年 9 月 4 日）	559	482
善信	信徒。	在传统风俗习惯中，善信认为在亡人节期间到多间佛寺祭拜，备上煮好的鸡鸭鱼肉及香菇、竹笋等高营养菜肴敬奉僧侣，僧侣吃足了，就等于让自己的先人一年能够饱餐。（柬埔寨中文网，2007 年 4 月 24 日）	557	299
义款	善款。	本地宗乡总会馆联合总会主席黄祖耀于今日早上 10 时，在宗乡总会礼堂把一张 60 万元的赈灾义款移交给中国驻新加坡大使张小康女士。（新加坡《联合早报》，2008 年 6 月 8 日）	540	291
建竣	竣工。	警消据报即连同救灾人员前往调查救助，发现那男生宿舍共 7 层楼高，共有 504 个房间，正在兴建中，且可说已建竣，只差粉刷而已，所以校方已于本月 2 日让 1 年级新生住进去。（泰国《世界日报》，2006 年 6 月 6 日）	500	404

（续上表）

词条	提示性释义	例句	频次	文本数
顶限	上限。	马来西亚星期二宣布，已经上调外资可拥有回教银行的股份顶限，以加强马国银行业和国际的联系以及为其成为区域回教金融中心的目标注入强心针。（新加坡亚洲新闻网，2005年3月1日）	492	412
拥车证	车辆拥有证。它是购买各种类型的汽车和摩托车的凭证。	新加坡今天公布的12月份第二轮拥车证标价显示，大型车的拥车证下跌了超过30%，达9001新元，为大约13年来的最低点。（新加坡亚洲新闻网，2005年12月22日）	473	365
抵步	到，到达。	卫冕队中国队派出强手将于今日抵步，是否能保持汤尤杯，广受各方注目。（印尼《国际日报》，2008年5月7日）	449	408
私会党	秘密帮派的统称。	恐怖活动是一种罪行，要证明并不容易，以前有私会党的时候，出现很多问题，有人痛打另一个人，却找不到证人，所以要控告（罪犯）该解决如何找出证人的问题。（新加坡亚洲新闻网，2007年6月18日）	435	204
社理会	新加坡社区的一级领导机构。	为了教育公众什么是投资联结保单、购买这类保单之前要注意什么事项，消费者协会第一次连同中区社理会举办了座谈会，提醒消费者如何保障自己的利益。（新加坡亚洲新闻网，2005年6月11日）	410	360
工作准证	外国技师、工人进入新加坡工作的许可证。	此外，从5月底开始，办理就业准证的部门将和工作准证的部门一起在搬迁的当儿提供有限的服务，直到6月3日起才恢复正常服务。（新加坡亚洲新闻网，2004年4月29日）	410	286
嗜毒	嗜好、沉溺于毒品。	印尼100多名教育界人士到访新加坡，考察本地的教育体制，还了解了回教社区领袖在打击嗜毒问题上所扮演的角色。（新加坡亚洲新闻网，2006年7月19日）	406	242

（续上表）

词条	提示性释义	例句	频次	文本数
入息	收入。	为减轻香港家庭的负担，政府建议在推行商品及服务税的同时，也调低对所有现有纳税人课税的税率，包括薪俸税、个人入息课税、物业税及非法团业务的利得税税率。（新加坡亚洲新闻网，2006年7月18日）	402	335
摊还	分期偿还。	金沙集团星期四向美国证券交易委员会申报，由于资金短缺，很可能无法摊还截至第四季度的贷款期款，这从而导致债权银行很可能迫使金沙加速摊还所有贷款。（新加坡亚洲新闻网，2008年11月7日）	401	258
独立候选人	以个人身份参加议员竞选的人。	今天进行的立法院选举，最后的席位分配是：民进党89席，国民党79席，亲民党34席，台联12席，无党联盟6席，新党1席，无党籍独立候选人4席。（新加坡亚洲新闻网，2004年12月11日）	394	292
红毛	闽南语叫 ang moh，明清时对荷兰人的称呼，现在泛指西方人。	你们也知道台湾人民有很深的爱国情，他们十分痛恨"外国人"，他们痛恨曾经在台湾奴役过他们的"红毛"、"阿寇"。（新加坡《联合早报》，2007年7月14日）	394	261
肇因	起因。	报告指出"主要肇因于外劳基本权益受侵害、劳动条件未获保障、雇主不当管理、卫生环境欠佳等，显见雇主对外劳生活管理有重大缺失"，促其立即改善。（新加坡亚洲新闻网，2005年8月31日）	380	322
固本	现金代用券，英文 coupon 的音译。	而经过多年的演变，目前泰国贿选的方式，一般已经不采用现金，而是以代付学费、汽车贷款送汽油固本，甚至是送壮阳药伟哥的方式出现。（新加坡新动网，2007年12月20日）	370	182

（续上表）

词条	提示性释义	例句	频次	文本数
酒廊	酒店。	保健促进局的民意调查显示，有 63% 的受访者支持在小贩中心禁烟，61% 支持在咖啡店禁烟，支持在酒廊和舞厅等夜间娱乐场所禁烟的民众也高达 69%。（新加坡亚洲新闻网，2005 年 3 月 4 日）	361	203
按柜金	押金。	新加坡教育部原本规定，从下个月起，所有外籍学生一旦离开新加坡，不管是到哪些国家，都得重新申请学生准证，并且支付 1 000 新元的按柜金。（新加坡亚洲新闻网，2003 年 5 月 28 日）	342	237
隔邻	隔壁的，邻近的。	昨天中午 1 时，本京乍都节县叻夭区乍都节集市发生火灾，起火的是集市内的 5 巷 24 分巷 286 号服装店，火灾迅速蔓延，烧毁隔邻的商店，有 10 间遭受损失，面积共 50 平方米。（泰国《世界日报》，2007 年 5 月 3 日）	337	305
新血	新鲜血液。	目前修读高级母语的学生，都是教育部要招揽母语教师的新血，教育部通过小学生母语会话教导、奖学金、职业讲座等平台，让那些对母语有兴趣的，尤其是语文特选课程学生，能够更深一层认识母语，进而吸引他们加入母语教师的行列。（新加坡亚洲新闻网，2008 年 2 月 20 日）	329	290
新生水	由于水资源严重短缺，新加坡的研究人员利用海水淡化技术，将海水转化而成的淡水。	到了 2011 年，也就是新加坡同马国签署的第一份水供合约约满的那一年，当新加坡所有五家新生水厂都投入生产后，将能满足新加坡三成的用水需求，这比原定目标多出一倍。（新加坡亚洲新闻网，2007 年 3 月 15 日）	328	221
常任秘书	政府部门高级行政官员的一种。	新闻、通讯及艺术部常任秘书陈振南博士："我认为从制造商的观点来看，将更容易知道生产这些仪器的数量，并能够以非常好的成本效益方式，来配合市场的需求。"（新加坡亚洲新闻网，2007 年 6 月 21 日）	324	297

（续上表）

词条	提示性释义	例句	频次	文本数
质素	素质。	香港审计署署长邓国斌对欧中民逝世深感惋惜及难过，形容欧中民在特区政府服务期间克尽厥职，表现卓越，其在公共财务及审计方面的广博知识大大提升了审计署的工作质素。（新加坡《联合早报》，2008年11月6日）	313	292
非选区议员	在竞选中落选但仍可以依法进入国会的议员。	非选区议员在国会中可以自由发言，但不能对宪法修正案、拨款法案或补充拨款法案、关系到政府的财政法案以及对政府提出不信任等的动议和投票作出表决。（新加坡《联合早报》，2006年4月27日）	304	235
落力	卖力，努力。	慈善晚会除了邀请到久违的70年代香港创作歌手陈秋霞外，还有新加坡新传媒艺人落力演出。（新加坡亚洲新闻网，2007年3月13日）	302	294
烧芭	为了留出空地种植，东南亚农民所做的烧毁芭蕉树的行为。该行为会给环境造成相当的破坏。	泰国副首相派蓬说，如果有必要，当局将疏散民众，并采取严厉果断的措施制止农民的烧芭活动。（新加坡亚洲新闻网，2007年3月19日）	296	219
异动	变动。	新加坡国家环境局气象署从1990年代中期以来，就设立一套地震监测系统，这个系统原本只靠4座监测站负责把地壳的异动资料传送到设于樟宜机场气象署总部的中央处理系统进行分析。（泰国《世界日报》，2007年9月17日）	287	254
一路来	一直以来。	许文远说："整容师他们一路来有跟我们讲说有时候有一些病人是给其他的，他们认为没有经过足够训练的医生开刀了以后，情况不好会有严重的后果。"（新加坡亚洲新闻网，2008年4月27日）	274	262

（续上表）

词条	提示性释义	例句	频次	文本数
冷气机	空调。	披汶指出，用电需求量持续增加，盼望民众能合力节能，例如使用节能电器、节能电灯管、勤于清洗冷气机的空气过滤片、把冷气机的温度设定在 25℃ ~ 26℃ 等。（泰国《世界日报》，2007 年 4 月 7 日）	274	176
官式访问	国事访问。	前往中国做官式访问并参加两国建交三十周年纪念活动的该国总理达信，已经向中方提出以主要为龙眼的农产品交换装甲车的构想，并且已经获得中方同意，因此泰国第二步兵师计划新成立的装甲营将获得九十六辆来自中国的装甲车。（新加坡《联合早报》，2005 年 7 月 4 日）	272	253
小印度	新加坡印度族群的聚集地，位于牛车水的东北边，包括实龙岗路和一些巷弄在内，方圆数千米，是最具有印度风情的地区。	除了各大酒店同往常一样会参与盛会之外，阿拉伯街和小印度，以及小贩中心都举办美食之旅，介绍本地的多元文化，让人们走遍大街小巷寻美食。（新加坡新动网，2008 年 7 月 1 日）	268	234
O 水准	新加坡—英国剑桥普通教育证书普通水准会考的学业水平。	O 水准成绩刚放榜，许多中学毕业生和他们的家长现在都在忙着为选择初院，或是理工学院而伤脑筋。（新加坡亚洲新闻网，2008 年 1 月 26 日）	267	246
串谋	合谋。	案中首被告、身兼上海地产及上海商贸前董事的龚倍颖（33 岁）于案件开审前，已承认两项串谋诈骗罪，并当控方污点证人出庭顶证 6 名否认控罪的被告，她被判囚 18 个月（新加坡《联合早报》，2008 年 9 月 5 日）	264	224

（续上表）

词条	提示性释义	例句	频次	文本数
句钟	小时。	昨天中国总理温家宝在东亚贸易及投资峰会发表重要演说后，几度被记者追问何时安排与日本首相小泉会面，温家宝只回答记者说："待会找时间跟你们谈谈"，旋即进入会议厅与韩国总统卢武铉会谈整一句钟。（马来西亚独立新闻在线，2005年12月13日）	264	234
亮灯	打开装饰性彩灯。	昨日是刘嘉玲的43岁生日，她在中环出席某亮灯仪式时，透露已收到梁朝伟送的大礼，也表示伟仔身体机能变得更好，两人并未停止造人，不过生孩子则随缘。（新加坡亚洲新闻网，2008年12月11日）	262	216
健力士	吉尼斯。	美中不足的是，美国总统这把交椅，对他来说绝不好坐，他面临的内外压力也能上健力士世界记录了。（新加坡《联合早报》，2003年7月20日）	258	213
现金卡	储存了一定金额，可代替现金使用的卡片。	盘谷银行卡部经理乃绰称，预计年内申请新信用卡人数不多，大约为10万张卡，总数由77万提高至87万张，而现金卡将由900万张增加至1 000万张，届时现金卡比重将占所有卡的40%。（泰国《世界日报》，2007年5月31日）	258	162
分层地契	多层建筑物每个单元的房契。	买方要求同意集体出售的业主，将完成交易的期限延长四个月，买方也要求这些业主，向分层地契局重新申请集体出售令，或就地契局的裁决，向高等法院上诉，否则将起诉卖方违反协议。（新加坡新动网，2007年8月10日）	258	127
讲词	演讲、讲话或演讲时说的话。	马来西亚华校董事联合会总会（董总）主席暨"华教自强团结晚宴"大会主席叶新田讲词时提到，教育部长希桑慕汀从中国考察回国，有感该国虽有56个民族，却能和睦共处。（马来西亚独立新闻在线，2007年5月27日）	255	193

（续上表）

词条	提示性释义	例句	频次	文本数
入门票	入场券，门票。	国庆庆典演出一票难求，执委会今年首次在庆典前安排多姿多彩的街头活动，让无法拿到入门票的观众，在国庆日当天同样可到体育场外感染欢愉气氛。（新加坡《联合早报》，2006年8月3日）	252	202
电召	电话传召。	由多辆交通工具载来200多名来自泰南3府年轻人，他们反抗、咒骂并企图攻击警方，在混乱紧张场面下，接获电召援助的100名警察赶来控制场面，15名可疑人士押进警局接受调查。（泰国《世界日报》，2007年3月12日）	242	196
浸濡	沉浸，濡染。新加坡常用它指沉浸在某种环境中学习、体验、感受一种语言或文化。	他在稍后接受访问时说，无论是让海外生长的少年儿童能接受类似新加坡的教育，或是让国内的少年儿童在海外长期浸濡时不至于与本国教育脱节，这都是我国的策略目标。（新加坡《联合早报》，2006年6月23日）	242	197
吸购	吸纳，购买。	美国七千亿救市方案被否决，亚太区股市早盘都重跌，不过近中午时刻，亚太区股市可能因投资者乘低吸购，跌幅收窄。（新加坡《联合早报》，2008年9月30日）	240	231
锁匙	钥匙。	本报记者在现场看到，其中一名查案人员的手上拿着一块白板，两名工人拿着锁匙跟着他，每打开一间储藏室，查案人员就仔细地搜查，然后在白板上做记录。（新加坡《联合早报》，2004年10月23日）	237	169
摩哆	摩托。	为了加强保安阵容，阿都拉座驾左右都有两辆巨型摩哆贴身保护，而其余的保镖都随尾着首相的座车。（新加坡《联合早报》，2004年3月21日）	234	124

（续上表）

词条	提示性释义	例句	频次	文本数
扯购	竞相购买，使股票价位和股市指数不断升高。	综指开市时，以 828.33 点报开，微涨 0.16 点，稍后在受到基金进场扯购的情况下，综指呈稳健的走势，而且涨幅逐渐扩大。（新加坡《联合早报》，2004 年 2 月 18 日）	230	221
鸡饭	一种配白斩鸡或烧鸡的盖浇饭。	谈到新加坡最近局部解除禁令，重新进口马国的鸡鸭和鲜蛋时，李总理以开玩笑的口吻说："阿都拉首相感谢新加坡重新从马国进口鸡鸭和鲜蛋，我们也得感谢马来西亚跟我们合作，所以我们才能进口新鲜的鸡只来烹煮鸡饭和咖哩鸡。"（新加坡《联合早报》，2004 年 10 月 6 日）	224	149
演说角落	供人发表演说的地方。	笔者曾到过伦敦的海德公园，发现这个公园里的演说角落，面积大约只有一个足球场那么大，而且不像芳林公园的演说角落那样天天都可以让人发表演讲，它只在星期日开放，现场却有警员驻守。（新加坡《联合早报》，2003 年 9 月 25 日）	222	201
鞭刑	一种刑法，用皮鞭抽打犯人的臀部。新加坡是世界上少有的存有鞭刑的国家。	法官说："我的心为了你而痛，这么个年轻的男子要把最好的年华耗在牢房内，还要经历这么多下的鞭刑，但我相信你会明白阻吓性的刑罚在这样的情况下是难以避免的。"（新加坡《联合早报》，2008 年 7 月 7 日）	217	162
礼篮	花篮。	现代人追求个性化，适逢圣诞新年，赠送礼篮也要与众不同。（新加坡亚洲新闻网，2008 年 12 月 22 日）	215	133
穷籍	指债务人到了穷人的地步，通常由法庭宣布。	破产与公共信托局表示，被判入穷籍的杨坤达上个月 17 日未获官方委托人的批准擅自出国，以及没有向官方委托人交托所拥有的资产，因此法庭对他发出了拘捕令。（新加坡亚洲新闻网，2007 年 6 月 13 日）	212	152

（续上表）

词条	提示性释义	例句	频次	文本数
零和	一方得益而使另一方受损。	在新加坡国立大学毕业典礼上获颁名誉文学博士学位后，中国前副总理李岚清发表演讲时强调，全球经济发展并非零和游戏，各方一起努力，将能取得双赢的效果，反之则各方通输。（新加坡《联合早报》，2006年7月7日）	212	195
娘惹	对在马来西亚、印度尼西亚或新加坡居住数百年，深受当地文化影响的女性华人的俗称。	8频道年度新剧《小娘惹》以南洋色彩的峇峇和娘惹文化为背景，戏还没有开拍，谁会当上女主角，已经成为了狮城的热门话题。（新加坡新动网，2008年6月30日）	203	137
视障	视力障碍。	依靠公众捐款的新加坡视障人士协会一年多前，因为管理出现问题，被暂停公益机构资格，现在协会已经逐步走上轨道，并计划在明年三月举办音乐会，为视障人士筹款。（新加坡亚洲新闻网，2006年12月18日）	197	163
疯牛症	疯牛病。	加拿大西部卑诗省新发现一例疯牛症，这是2003年以来加拿大发现的第13宗疯牛病病例。（新加坡《联合早报》，2008年6月24日）	197	178
易通卡	Ez - link，在新加坡可以乘车、购物等的一种消费卡。	下个月一日起，使用易通卡乘搭巴士和地铁，全程一律上调四分钱，而转车的车资回扣，则从两角半，增加到四角。（新加坡亚洲新闻网，2008年9月12日）	186	138
灵犬	警犬。	伊拉克阿布加里卜监狱的一名美国高级情报官员宣誓供证说，去年秋季被五角大楼派去伊拉克向因犯收集情报的一名美国陆军将领，纵容使用监狱灵犬来恐吓伊拉克囚犯。（新加坡《联合早报》，2004年5月27日）	181	117

（续上表）

词条	提示性释义	例句	频次	文本数
湿巴刹	巴刹的一种，主要出售水产品、蔬菜、瓜果等。	调查显示，虽然仍有超过半数（57%）的人会选择到湿巴刹买新鲜食品，但在去年，到湿巴刹的消费者已减少了7%。（新加坡《联合早报》，2008年6月4日）	181	148
快速公路	高速公路。	大雨除了影响地铁服务，也导致泛岛快速公路的一些路段出现多个坑洞，对一些公路使用者造成不便。（新加坡新动网，2007年1月13日）	180	136
叻沙	一种带辣味又加香料的马来小食。音译自马来语"laksa"，又写作"辣沙"、"拉沙"、"啦沙"等。	张耀文在经营员工餐厅的过程中，遇到一个最大的问题是食物水平参差不齐，好比同样是叻沙，但因为厨师不同，煮出来的味道就是不一样。（新加坡《联合早报》，2007年9月2日）	176	122
大衣	西装。	发言人说，警方正在缉捕一名身高5英尺9寸、体重介乎230至260磅的黑人男性，他当时全身黑色打扮，包括大衣、牛仔裤和帽子都是黑色的。（新加坡《联合早报》，2008年2月3日）	169	137
报生纸	出生证。	印尼华人的报生纸与原住民的不一样，从一出世就有了种族区别。（新加坡《联合早报》，2007年5月24日）	166	95
绘测	测绘。	迪拜正在兴建全球最高建筑——楼高大约700公尺的"比斯迪拜厦"，他们也在兴建全球最巨大的购物中心（这个项目由新加坡的DP绘测公司负责，他们曾负责滨海艺术中心的设计）。（新加坡《联合早报》，2005年8月22日）	166	115
恤衫	T恤。	昨午2时许，达信夫妇与两名女随从及两名保镖继续庆生之旅，乘坐酒店的7座位房车外出，驶至附近干诺道中遮打大厦下车，进入大厦商场的名店购物，达信身穿浅蓝色恤衫，黑色西装和黑皮鞋，无结领带。（新加坡《联合早报》，2006年11月15日）	164	155

（续上表）

词条	提示性释义	例句	频次	文本数
家翁	公公。	我的家翁家婆已不在人间，父母也超过60岁，体力、精力上都无法为我照顾年幼的孩子。（新加坡《联合早报》，2003年9月25日）	162	113
肉骨茶	排骨药材汤，潮州式的还配工夫茶。	巴生中华总商会会长戴良业说，肉骨茶是巴生的独特文化，也是巴生珍贵的文化遗产，应使其发扬光大，同时也希望这个文化遗产能为巴生带来无限商机。（泰国《世界日报》，2008年11月24日）	161	105
唱衰	说坏话、批评。源自粤语。	格林斯潘唱衰高油价，称当前油价的疯狂无法持续。（新加坡《联合早报》，2005年4月8日）	149	139
堂费	诉讼费。	不过，高庭昨天驳回他就高庭拒绝他要求官方受托人向法庭提交一份宣誓书，以详细列明他对各项诉讼所须支付的赔偿金、至今所拖欠的赔偿额及堂费的决定，而提出的上诉。（新加坡《联合早报》，2006年4月4日）	148	113
峇峇	对在马来西亚、印度尼西亚或新加坡居住数百年，深受当地文化影响的男性华人的俗称。	说起来，新马东南亚有许多俗称峇峇的土生华人，虽然因历史的关系家里都不会说华语，但对中华传统文化却是十分热爱而且执著的。（新加坡《联合早报》，2003年10月21日）	143	70
家庭日	机构或团体专为员工家属举办的联欢活动。	新加坡全国职工总会秘书长林瑞生，在华社自助理会家庭日的活动上指出，新加坡应该趁目前就业市场活跃，经济展望乐观，进一步壮大劳动队伍和加速薪金改革。（新加坡新动网，2007年6月16日）	141	111
水喉	水龙头。	有一天，我们住的公寓水喉漏水，打电话叫维修人员上来修理，谁知上来一大群维修人员，大家就站在那里看，除了指手划脚，就是没有一个人肯动手修理。（新加坡《联合早报》，2004年6月9日）	141	87

（续上表）

词条	提示性释义	例句	频次	文本数
阅卡器	读卡器。	第二代的阅卡器在我们测试中也是有用现在的现金卡测试的，而到目前我们还没有发现到有不兼容的情况。（新加坡新动网，2008 年 7 月 14 日）	139	99
大伯公	土地神。	为了帮助白沙榜鹅集选区一些有需要的居民，洛阳大伯公庙捐赠了 3 000 公斤的白米，好让他们不再为三餐温饱担心。（新加坡新动网，2008 年 5 月 4 日）	138	97
晨运	晨练。	本案发生在去年 11 月 14 日上午 6 时，呵叻府四球县努巴都区 1 村，经营大养猪场和放高利贷的乃素瓦猜（66 岁）在晨运时，被骑机车的歹徒开枪打中头部和前胸，当场死亡。（泰国《世界日报》，2007 年 6 月 13 日）	135	106
月尾	月底。	报道引述消息来源说，这项讯息是通过两国商讨六方会谈事宜的谈判代表所传达的，两国的谈判代表是在 6 月尾至 7 月初在纽约举行的会议。（新加坡亚洲新闻网，2005 年 7 月 23 日）	133	129
暖身	热身。	台湾行政院第二次内阁研讨会今天进入第二天议程，总统马英九昨晚夜宿阳明山，上午与阁员起了大早，六时三十分做完暖身操后就前往天母古道健行。（新加坡《联合早报》，2008 年 7 月 25 日）	129	123
A 水准	新加坡—剑桥普通教育证书高级水准会考的学业水平。	有学生说，尽管 O 水准和 A 水准会考只相差两年，但是这样会让她们"身经百战"，更经得起"考"验。（新加坡新动网，2007 年 2 月 9 日）	127	118
迷幻药	一种化学复合制品，学名为麦角酸二乙铣胺，口服能产生不同程度的幻觉，对人体有危害。	前天上午 10 时，本京素提讪警署派员到叻察拉拔色路某按摩院前面，抓捕驾本田轿车来送迷幻药的女毒贩比耶喃（38 岁），她正要把迷幻药送给按摩师。（泰国《世界日报》，2007 年 5 月 21 日）	124	79

（续上表）

词条	提示性释义	例句	频次	文本数
怕输	做什么都怕落后。	新加坡人追求最好的一切，又担心竞争激烈，因此在过程中自然流露了典型的"怕输精神"。（新加坡《联合早报》，2005年8月5日）	123	99
舞娘	舞女。	即将在本月底发行新专辑的莫文蔚，为专辑拍封面，化身性感女神，身穿肉色紧身造型服、脚踏5公分高高跟鞋，在灯光魅惑的大舞台上搔首弄姿，充分展现肢体性感美，性感程度不输红磨坊舞娘。（新加坡新动网，2007年11月22日）	121	102
机员	机组人员。	发生事故的波音737客机载有160多名乘客及7位机员，26日由英国布里斯托起飞前往西班牙巴塞隆拿。（新加坡《联合早报》，2008年8月26日）	119	106
油槽船	装运液体燃料的轮船。	我国史上最严重的工业意外发生于1978年10月12日，裕廊造船厂里维修的希腊史拜罗斯号油槽船突然发生大爆炸，76人死亡。（新加坡《联合早报》，2003年9月6日）	118	100
好兄弟	指孤魂野鬼。	台湾彰化县一条马路因弯曲狭窄经常发生车祸造成伤亡，当地村民怀疑这条路"不干净"，决定找法师"驱鬼"，却引起比邻的村民不满，担心"好兄弟"给赶到自己这边来，搞得两村关系紧张，各自向警方报案。（新加坡《联合早报》，2007年9月25日）	118	91
直透	直通。	李显龙总理在回应时表示，每年大约有7万新加坡人到四川去旅游，而随着新加坡与成都之间有直透班机服务，成都现在也设有新加坡领事馆办理签证事宜，相信新川之间还会有更多机会进行旅游合作及双向交流。（新加坡《联合早报》，2006年10月29日）	117	67

（续上表）

词条	提示性释义	例句	频次	文本数
峇迪	蜡染的印花布或这种布料做成的衣服，为印尼传统服装。	大马"国服"峇迪再次成为万众瞩目的焦点——该国今天确定举办一系列以峇迪为主体的国际性活动，这是国际峇迪大会筹委会宣布的。（泰国《世界日报》，2007年10月15日）	115	54
大彩	新加坡的一种博彩。	社会发展、青年及体育部展开的全国调查显示，有近半数的国人（49%至54%），把大彩、万字票和多多视为消遣活动，而不是赌博。（新加坡《联合早报》，2008年5月28日）	114	50
快熟面	方便面。	本地日清快熟面进口商的负责人陈经理今早受询时表示，本地所售卖的日清快熟面都是在泰国、香港、印尼制造和进口的，并不是来自日本。（新加坡《联合早报》，2008年10月24日）	114	85
排舞	一种排成一排排跳的舞蹈，它源于70年代的美国西部乡村，也叫牛仔舞。	在基层组织中，乐龄团最活跃，他们组织不少的活动，都是很健康的，如气功、太极拳、快步走和排舞等，有益身心，充实生活，政府非常鼓励这种活动。（新加坡《联合早报》，2006年8月20日）	113	79
鸠收	收取并汇总。	民主行动党再度挑战三美威鲁，就此问题与受影响居民对话，以确定到底谁在说谎，以及鸠收过路费是否合理。（马来西亚独立新闻在线，2007年2月26日）	113	77
联络所	设在选区里的居民活动中心，方便政府与人民的相互沟通。近年已将之升格为"民众俱乐部"（community club）。	分布在全国各区的104所民众俱乐部或联络所的查阅处的开放时间是星期一至星期五下午6时至晚上9时，以及星期六下午3时至晚上7时。（新加坡《联合早报》，2006年2月18日）	110	103

（续上表）

词条	提示性释义	例句	频次	文本数
司法委员	有一定任期的高等法庭法官。	由于内阁会议决定该电视台暂停转播，ITV 电视台所有的设备、器材和财产全部收归国有，直到司法委员会做出释法后，才决定何时开始恢复转播。（泰国《世界日报》，2007 年 3 月 7 日）	108	102
官委议员	由总统任命的无党派议员。	今天的民主行动党已经是霹雳州主要执政成员党，而且拥有六个行政议员名额，加之以地方政府各级官委议员、政府机构成员等，权力范围逐渐拓展，因此党内出现投机主义的党员不足为奇。（马来西亚独立新闻在线，2008 年 12 月 15 日）	106	104
土生华人	14 世纪中叶从中国南来槟城、马六甲或新加坡的汉族移民所繁衍的后代。	土生文化馆，坐落在亚洲文明博物馆的前址，将一共展出 1 200 多件土生华人的珍贵文物。（新加坡新动网，2008 年 4 月 25 日）	106	90
割名	指转让名分。	槟州行政议员杜乾焕向独立新闻在线承认，身为州政府一员的他，对发展商献地三年后仍未割名给新中华小董事会"有责任"。（马来西亚独立新闻在线，2006 年 1 月 9 日）	105	52
短程巴士	在大型居民住宅区内行驶的公共汽车。	一些居民埋怨他们的住家和轻轨列车站之间有段距离，住家附近又没短程巴士服务，公共交通非常不便。（新加坡《联合早报》，2006 年 3 月 16 日）	101	79
制服团体	在新加坡指纪律队伍。内部成员须穿制服，如海陆空三军、警察、学生军、圣约翰救伤队等。医院护士不属于制服团体。	他举例说，新加坡政府能通过一些机制吸引私人企业界的人才加入政治领导层，除了从公共部门挑选人才从政之外，它也能在军队和其他制服团体中找到适合的人选。（新加坡《联合早报》，2006 年 7 月 16 日）	100	79

（续上表）

词条	提示性释义	例句	频次	文本数
沙爹	马来风味的一种食物，把肉串放在炭火上烧烤后食用。	美食节的其他重点节目还包括：带大家找寻本地老字号美食的牛车水道地美食大荟萃活动，以及狮城沙爹大食会，并力求打破三年前创下的 111 米长沙爹的记录。（新加坡新动网，2007 年 6 月 20 日）	100	69
鹰架	为建筑工人或装修工人在空中工作搭建的架子。	胶拉信府某大学正兴建中的男生宿舍发生意外事件，施工用的鹰架倒塌下来，有 4 名工人受伤，其中 1 名伤势严重。（泰国《世界日报》，2007 年 6 月 6 日）	100	71
万字票	新加坡流行的一种博彩形式。	全国预防嗜赌理事会公共通讯组主席陈沈明媚说："所有的赌博活动，包括软性质赌博活动（如买多多、大彩、万字票等），如果进行过量，都会变成嗜赌问题。"（新加坡《联合早报》，2008 年 5 月 28 日）	99	78
克他命	一种毒品。	肃毒人员在屋内做地毯式搜查，在多个糖果盒里发现 85 克的海洛因、40 颗"埃利敏 5 号"和 11 克的克他命。（新加坡《联合早报》，2008 年 12 月 13 日）	96	63
侍应生	服务员。	本地幼稚园及托儿所老师，工作"一脚踢"，薪水却和侍应生不相上下，也远远比不上普通文员，导致许多幼教老师工作不久就离开。（新加坡《联合早报》，2008 年 12 月 13 日）	93	82
战备军人	后备军人。	经常开支的 99.4% 是用作武装部队的经费，主要是用来支付采购军用装备的费用、设施与营房的维修、全职国民服役人员和战备军人的薪金及津贴。（新加坡《联合早报》，2006 年 2 月 18 日）	93	64
污点证人	是指犯罪活动的参与者为减轻或免除自己的刑事责任，与国家追诉机关合作，作为控方证人，指证其他犯罪人犯罪事实的人。	根据媒体报导，陈镇慧目前陷入天人交战的局面，如果她愿意配合转污点证人，她的证词，有可能会是压垮陈水扁相关弊案的最后一根稻草。（新加坡《联合早报》，2008 年 9 月 4 日）	93	77

（续上表）

词条	提示性释义	例句	频次	文本数
单位信托	一种由基金经理管理的投资形式。	我当时身为公积金局主席，就尝试劝说劳工部长和财政部商量，直接向公积金会员分发相当于长期债券的4%利息，让他们不必去操心投资或购买单位信托的问题，只需把钱存放在我们这里，就会得到相当于长期债券的利息。（新加坡《联合早报》，2007年9月24日）	91	62
谐星	笑星	日本宫崎县上星期天举行的县长选举闹出一个"政治笑话"，一名毫无政治经验的"谐星"竟然以高票打败有执政党撑腰的政界候选人，当上了县长。（新加坡《联合早报》，2007年1月30日）	90	82
情意结	情结	实际上真正台独分子还是极少数，大多数台湾人始终无法离开中华民族这个情意结，这又何止是简单"同文同种"四个字可以表达。（新加坡《联合早报》，2007年12月3日）	89	80
少年旅	中小学的制服团体之一。	圣诞节的脚步越来越近，新加坡少年旅在这佳节期间，和往年一样，分派爱心礼物给有需要的人。（新加坡新动网，2007年12月15日）	88	72
自雇人士	自己打理经营生意，不雇佣工人的人。	为鼓励更多低收入自雇人士缴交保健储蓄，政府决定降低净年收入在1万2000元或以下自雇人士的保健储蓄缴交率，这些人的新缴交率是全率的三分之一。（新加坡《联合早报》，2007年2月16日）	87	74
主簿官	法庭中协助法官处理重大事务的公务员。	他在堂上向助理主簿官李耀伟提出要求，要官方受托人向法庭提交一份宣誓书，以详细列明他对各项诉讼所须支付的赔偿金、至今所拖欠的赔偿额及堂费。（新加坡《联合早报》，2006年3月15日）	83	70

（续上表）

词条	提示性释义	例句	频次	文本数
小红点	指新加坡。因为新加坡太小，在世界地图上只能以小红点显示，故名。	其他国家和人民已对新加坡有所了解，不再误以为它位于中国境内，并知道新加坡是特别的，甚至还听说过它是一个"小红点"。（新加坡《联合早报》，2006年8月21日）	82	75
头家	老板。	选举本质是政治性的，会冲突、对立，但执政后是行政性的，不会因为有人没投给他就不照顾，一定会一视同仁照顾，所有"头家"都是服务对象。（新加坡《联合早报》，2008年3月22日）	82	65
阿公	爷爷。	亲民党籍"立委"刘文雄27日则讽刺地说，当美国人的阿公不会丢脸、也不会没面子，反而是美国人有陈水扁这个胡作非为的阿公，会让美国人感到丢脸。（新加坡《联合早报》，2006年11月28日）	81	62
闹双胞	又叫"闹双包"，指按理不应该重复出现的事物竟重复出现。	今年内，其中一个第三党——改革党就闹双胞，党大会开得像演马戏那样。（新加坡《联合早报》，2003年7月20日）	81	62
鱼生	一种由生鱼片和多种蔬菜及调味品配制而成的应节食物。	60年代在本地改良和推广鱼生而声名大噪的四名天王级厨师是谭锐佳、冼良、刘益培和许国威。（新加坡《联合早报》，2007年9月16日）	79	42
真字	能中奖的四个阿拉伯数字的组合。	前天上午10时，莱府逸拉汪县区5村有大批彩票迷涌到，膜拜形状像蛟龙头的白蚁塚求真字，因为传说在此之前，有人求得幸运号码，中彩票获得奖金数10万铢。（泰国《世界日报》，2007年2月13日）	78	48
炉主	寺庙或中元会等组织中的主祭。	农历正月15日将筊选值年炉主及副炉主和举办乞福龟、乞福钱等活动，以祈求神光普照，庇佑安康，赖南兴董事长表示，点灯祈福，可广植福田，增长智能，平安幸福。（泰国《世界日报》，2007年1月13日）	78	26

（续上表）

词条	提示性释义	例句	频次	文本数
银发族	老年一族。	环球化导致贫富收入差距扩大，加上我国人口日趋老龄化，政府必须为低收入阶层和银发族提供更多的社会援助。（新加坡《联合早报》，2007 年 1 月 6 日）	77	68
财路	电子自动转账服务。	自从卫生部去年 11 月宣布介入调查仁慈医院后，每月定期透过财路捐款给该院的公众减少了 300 人，使得该院每月获得的捐款锐减 8 000 多元。（新加坡《联合早报》，2008 年 7 月 17 日）	76	74
邮差	过去中国也叫邮差，现通常叫邮递员。	泰国邮局针对约 4 000 名邮差进行调查，其中约有 700 人坦承，曾经在工作时被狗追咬，这也使得邮差的工作安全备受关切。（泰国《世界日报》，2008 年 3 月 25 日）	74	50
义走	步行筹款。	白小保校工委会希望各界人士能够踊跃参与此义走活动，支持白小保校运动，让华教运动和社区教育的希望种子继续传播下去。（马来西亚独立新闻在线，2006 年 5 月 20 日）	73	43
古董车	旧式车。	丹麦小报《Ekstra Bladet》早已为约阿希姆冠以"派对王子"称号，因为最近数月，文雅丽均独自出席官方活动，二王子却在另一边厢享受驾驶古董车或飞机之乐。（新加坡《联合早报》，2004 年 9 月 18 日）	72	35
妆艺游行	一年一度在春节期间举行的化妆大游行。	林文兴昨天傍晚在武吉甘柏体育场欣赏裕廊妆艺游行前接受记者的访问时说，在经济表现良好、国家预算有盈余时，政府能以这样的方式帮助年长员工和低收入家庭，但最基本的是要帮助员工找到工作，或是提高他们的技术和生产力，协助他们赚取更好的收入。（新加坡《联合早报》，2006 年 2 月 19 日）	71	54

（续上表）

词条	提示性释义	例句	频次	文本数
树桐	采伐后尚未加工的圆木材。	政府对未经加工的原棕油以及树桐，都有一定的限制，意即欲出口的原产品相关产品，大部分都必须先在我国加工或是"增值"。（马来西亚独立新闻在线，2008 年 4 月 24 日）	71	44
第二语文	在新加坡，英语为第一语文，其他各民族的语文皆为第二语文。	因为在现有的情况下，人们除非自己做出特别的努力和获得环境的支持，否则想单靠只持续 10 至 12 年的第二语文教育掌握好母语，显然是不足的。（新加坡《联合早报》，2006 年 4 月 12 日）	69	54
五脚基	骑楼下的人行道。	周六中午 12 时 30 分左右，我抵达占美回教堂轻快铁站时，发现已有大约两千名参与集会的群众聚集在回教堂内、华侨银行五脚基、轻快铁站内和人行道上。（马来西亚独立新闻在线，2007 年 11 月 12 日）	68	40
烟灾	森林大火烟雾造成的灾害。	另外，日常运作深受烟灾影响的两个港口：北港和西港，在周四下午两点半到四点之间曾经暂停运作，两家港口公司已召开会议，商讨下一步对策。（马来西亚独立新闻在线，2005 年 8 月 11 日）	67	15
列号	车牌号。	警驰至现场发现，乃沙他蓬·岩差威（37 岁，该府县市议会议员）神色惊慌地站在他列号曼谷 6709 的三菱小货车旁，等候警察来审讯。（泰国《世界日报》，2007 年 2 月 24 日）	67	61
窝心	暖心，贴心，心里很舒服。汉语里常指难受，苦闷，委屈。	去年，我和她在同个时候考完最后一份试卷，现在我完成大学课程，她也完成了小六教育，父女在学习道路上互相勉励，感觉很窝心。（新加坡《联合早报》，2006 年 9 月 29 日）	66	65

（续上表）

词条	提示性释义	例句	频次	文本数
贩卖机	自动售货机	长久以来，白宫新闻简报室里唯一的粮食来源，就是自动贩卖机，包括一台会流出类似褐色液体，后来经证实为咖啡的机器。（新加坡《联合早报》，2006 年 8 月 3 日）	65	43
椰浆饭	马来西亚风味的一种米饭，配以椰奶。	贴心的林钰麟（55 岁）就应 3 岁儿子的要求，带一家五口到滨海湾欢度国庆，还亲自烹煮椰浆饭，让家人在户外观看国庆之余，能享受丰富的晚餐。（新加坡《联合早报》，2007 年 8 月 10 日）	65	55
矿湖	因采石或采矿而形成的池沼。	虽然金矿公司欲导入废矿湖的山埃浓度偏低，但山埃是一种剧毒化学物质，即使少量也足以致命，兼之马来西亚各领域经常出现管制疏漏，山埃泄漏事件在世界上亦周而复始地发生，因此武吉公满村民不敢掉以轻心。（马来西亚独立新闻在线，2007 年 1 月 24 日）	64	32
英勇基金	见义勇为基金。	一年一度的英勇基金仁心奖今天颁发，今年因为无私奉献而获表扬的医护人员有 48 名。（新加坡新动网，2008 年 5 月 26 日）	62	55
报穷	破产者通过法律手段宣布破产。	自行报穷的人数增加，在很大程度上是因为 1999 年的一项修改后的法律条文，也就是如果报穷者在 3 年后证明"行为良好"，在报穷法下，由公务员和法庭官员担任的报穷司或破产接管人，是有权解除破产人因破产所受到的法律限制，让当事人恢复其民事权利。（新加坡《联合早报》，2003 年 10 月 6 日）	62	32
封面版	报纸的头版。	马来西亚各大语文报章昨日分别在封面版刊登马新两国领袖会面的新闻，并以大字标题打出通过会谈来解决双边课题。（新加坡《联合早报》，2004 年 1 月 14 日）	62	56

（续上表）

词条	提示性释义	例句	频次	文本数
酬神	新加坡祭拜神仙的一个民间节日，酬神赛会期间邀请戏班演出，演戏娱神在潮人社区成为一种惯例。	本头公妈庙一年一度酬神盛会，将于国历十二月一日起至十日止，循例有金龙队、瑞狮队、英歌队、女童花篮队、大锣鼓队，随驾游行表演助兴。（泰国《世界日报》，2006 年 10 月 27 日）	61	34
电子护照	近几年新型的护照，是把个人信息集成在一张芯片上〔国外分为硬芯片（如日本、欧盟一些国家）和软芯片（如澳大利亚）〕，这张芯片一般夹在护照内页中间，是目前最难伪造的证件。	马来西亚目前继续与新加坡协商，探讨是否以电子护照或其他可行方式，替代只能使用国际护照入境新加坡的措施，以减轻每天来往两地马国居民的负担。（新加坡《联合早报》，2006 年 4 月 6 日）	61	39
派报员	送报员。	现在你可以从他们作品中看到很写实的题材，如派报员的一天、外籍劳工工地以外的生活，你可以从镜头中看到他们如何去了解感受别人的生活。（新加坡《联合早报》，2007 年 8 月 9 日）	59	23
执行级	一种职级。执行级员工也叫执行人员，新加坡政府、私人机构都设有执行员职位，普通执行员之上还有高级执行员、首席执行员。	嘉德置地文告指，减薪活动是目前全球经济不明朗的一项控制成本措施，受影响的主要是管理层和执行级员工，减薪幅度介于 3% 至 20%。（新加坡《联合早报》，2008 年 12 月 3 日）	57	52
箱运	集装箱运输。	随着科技的迅速发展和进步，脑力劳动逐渐取代了体力劳动，例如，过去的码头搬运工作多由码头工人来做，现在已由机械的箱运所取代。（新加坡《联合早报》，2007 年 5 月 3 日）	55	35

（续上表）

词条	提示性释义	例句	频次	文本数
受薪阶级	工薪阶层。	社会上有很多付不起学费的年轻人、面对物价高涨的受薪阶级、倒店的中小企业，他们的痛苦才是最实质的痛苦。（新加坡《联合早报》，2008 年 7 月 13 日）	53	44
双佳节	两个挨在一起的重大节日。	他举例，去年六月霹雳州教长（Mufti）建议禁止 "Kongsi Raya"（双佳节）开放门户庆祝活动时，纳吉就是认同此观点的人。（马来西亚独立新闻在线，2007 年 7 月 19 日）	52	44
收档	收摊。	他说，海啸来袭前，他每天早上 6 时开档，直到中午 12 时半才收摊，现在生意不好，没有顾客，他提前 1 小时就收档了。（新加坡《联合早报》，2005 年 1 月 6 日）	52	46
单位	单元。	碧山怡然阁的发展商青建地产常务副总经理李俊相信，怡然阁的 600 多名申请者，都是经过慎重考虑才采取行动，他们都亲自参观过示范单位。（新加坡新动网，2008 年 11 月 14 日）	51	48
垃圾虫	指乱丢垃圾的人。	早上没有遵照庭令，前去劳改的垃圾虫共有 42 名，环境局说，无故缺席者可在藐视法庭的罪名下再被控。（新加坡新动网，2008 年 12 月 14 日）	51	41
油槽车	油罐车。	据报道，在发生连串爆炸前，在安曼市郊边缘，有一辆油槽车着火燃烧，许多警察和消防人员赶到防止事态恶化。（新加坡《联合早报》，2005 年 11 月 11 日）	50	34
写作人	写作者。	这位 70 多岁的写作人禁不住为中国学生请命：改一改单纯靠课业延长时间和加压的教学方式，改变将一切可讨论的命题变成呆板的选择题的考试方法。（新加坡《联合早报》，2006 年 3 月 11 日）	50	39

（续上表）

词条	提示性释义	例句	频次	文本数
庇护中心	对有困难人群提供救助的机构或场所。	乌勒勒县这个沿岸村庄在海啸发生后被夷为平地，他们视察时发现，虽然目前当地还有许多村民居住在营帐和临时搭建的庇护中心，但他们的生活已重新进入正常轨道。（新加坡《联合早报》，2005 年 12 月 27 日）	48	40
面线	面条。	用红豆做馅，糯米粉做皮，再包裹一层椰丝，最后用樱桃肉点睛，面线做胡须，粉丝当尾巴，小老鼠模样可爱，味道香甜，保证成为新年宴的新亮点，大人小孩都喜欢。（新加坡新动网，2008 年 2 月 2 日）	47	37
鼻水	鼻涕。	禽流感和普通流行性感冒的症状非常相似：最初，病人普遍都会有发烧超过 38 度、流鼻水、咳嗽和喉咙痛等上部支气管受感染的症状。（新加坡《联合早报》，2004 年 1 月 27 日）	46	44
警曹长	新加坡警察的级别之一，英文 sergeant 的意译。	裕廊警署调查员郭家彦警曹长表示："这次警方能够破案，一个重要的因素是有这六名公众人士的协助，我们非常感谢这六名公众人士的精神。"（新加坡亚洲新闻网，2007 年 6 月 14 日）	46	34
腕表	手表。	接著他迫她脱下所戴的 1 铢重金项链，迫另一美容师玛妮婉脱下所戴的价值 5 万铢的劳力士腕表，并迫她打开抽屉，再搜去约 2 000 铢现金。（泰国《世界日报》，2007 年 6 月 25 日）	46	38
客语	客家话。	全泰客家杯华语暨客语流行歌曲总决赛 10 月 25 日（星期六）在北冲普碧满别墅大酒店钻石厅举行，全泰客家会馆领导们踊跃出席，座无虚席，全场爆满。（泰国《世界日报》，2008 年 10 月 30 日）	45	25

（续上表）

词条	提示性释义	例句	频次	文本数
标售	用投标方式出售。	对于标售 2003—2004 年库存的 67 000 吨龙眼干的进展，提腊表示，新成立的销散龙眼干委员会将于下星期开会，以决定出售存放库存的薰干龙眼是否需要去壳，但强调在销售前须先调查数量。（泰国《世界日报》，2007 年 3 月 22 日）	43	39
单班制	一种从上午 7：30 到下午 1 点的上课制度。	教育部长黄永宏说："由于需更多时间，上正式与非正式课程，一些单班制小学，选择稍微延长上课时间，另一些则在每周一两天延长课堂时间，让学生集体参与课程辅助活动。"（新加坡新动网，2008 年 9 月 25 日）	43	33
校群	按地区组成的学校管理组织。	教育部政务部长颜金勇，星期六晚上在华社自助理事会的一项活动中宣布，华助会明年将以试验性的方式展开"特别援助教育计划"，协助西区校群五所主流小学约 60 名有学习障碍的学生。（新加坡新动网，2007 年 9 月 29 日）	42	38
古早	古代，过去。	在那里用餐，仿佛走入时光隧道，感受着当年的古早风味和怀旧气息，就连贸工政务部长李奕贤也被这一氛围所感染。（新加坡新动网，2008 年 7 月 4 日）	42	38
旷地	空旷的地方。	汇权警署值勤课长于昨天早上 7：30 时接报，有人吞枪自尽死于本田金灰色轿车中，目前该轿车停在汇权县添銮密路泰国高架电车机构后侧的旷地上。（泰国《世界日报》，2007 年 3 月 22 日）	39	25
手尾	粤语中指后遗症。	虽然美国声称必要时可以单独出兵，就其兵力和各方面条件而言，这固然并非不可能的，可是却是一件众怒难犯的事，手尾不容易收拾。（新加坡《联合早报》，2003 年 1 月 31 日）	39	34

（续上表）

词条	提示性释义	例句	频次	文本数
全面防卫	即全民防卫。	今年，配合"全面防卫"20周年，主办当局特别策划了一个大汇演节目，结合全面防卫的不同层面，作为国庆庆典前奏节目的压轴好戏。（新加坡《联合早报》，2004年6月10日）	38	35
草根议员	平民议员。	随着几名草根议员宣布引退，来届大选剩下的草根议员大概只有义顺中区议员王雅兴、武吉班让区议员张俰宾博士、丰加集选区议员洪茂诚及阿裕尼集选区议员潘惜玉。（新加坡《联合早报》，2006年4月26日）	38	27
限制区	汽车、摩托车驶入时要缴费的区域。	虽然没有发生台生闹事，几十名统派人士却带了五星红旗到中正机场"欢迎"台商，并试图冲进限制区，在与航警发生冲突后，则高喊要求直航和反对台独的口号。（新加坡《联合早报》，2005年1月30日）	38	35
热裤	超短裤。	报道指小调查的结果发现，在1个小时内、来来往往的大约500名女生当中，就有将近半数穿着低胸装或超短热裤走来走去。（新加坡《联合早报》，2008年10月26日）	37	35
公定假日	法定假日。	在印尼的几个大城市，大约四万名工人，五一劳动节上街示威，除要求更好的待遇和福利外，也希望五一劳动节能列为公定假日。（新加坡新动网，2007年5月1日）	37	36
寿板	棺材板。	会长林惠龙勋爵、副会长兼秘书长林应祥、副会长林少雄及福德组长林耀钦报销了寿板及相应的办丧物资，并由宗亲会拨出吉地，由众多理事和乡亲出钱出力，使殡葬事宜获得圆满。（柬埔寨中文网，2007年4月24日）	36	29

（续上表）

词条	提示性释义	例句	频次	文本数
大假	时间很长的假期。	昨日记者从中国银联获悉，大假第一天，国人刷卡消费就进入高峰，仅国内交易总额就比去年同期增长 256.2%，境内外刷卡总额超过 65 亿元。（新加坡《联合早报》，2006 年 10 月 3 日）	35	32
成长三角	新加坡、马来西亚、印度尼西亚三个国家的经济合作区。	东南亚地区其它的次区域成长区还包括大湄公河流域次区域、印尼—马来西亚—泰国成长三角以及新加坡—柔佛巴鲁（马来西亚南部柔佛州首府）成长三角。（泰国《世界日报》，2007 年 1 月 13 日）	34	21
标贴	招贴。	也拉府尹提腊也主持仪式，将新宪法文本发放到各县民众手中，并发起工作人员将号召民众在 8 月参加全民公投的宣传标贴在路边向来往车辆派发和张贴。（泰国《世界日报》，2007 年 8 月 1 日）	34	23
登机桥	从候机厅进入机舱的封闭式通道。	一同前往素汪那普机场视察，发现飞机滑行跑道的裂缝影响到第 11 号停机坪的正常使用，同时还有一座登机桥损坏不能正常使用，素汪那普机场共有 51 个登机桥，目前只有 40 个可以正常使用。（泰国《世界日报》，2007 年 1 月 26 日）	33	27
福物	祭祀用的供品。	大典圆成，全体裔孙移至一楼入席，参加春祭联欢宴会，诸宗长捐助经费，宴席免费招待，并由该会副理事长兼康乐股长杨荣丰令夫人杨董锦如率辖下白兰花歌舞团报效精彩节目助兴，同时投标春祭祖上的神前福物，所得福款助会费，尽显对祖上至恭至敬和爱会至诚。（泰国《世界日报》，2007 年 5 月 5 日）	32	24

（续上表）

词条	提示性释义	例句	频次	文本数
海峡殖民地	是英国在 1826—1946 年对位于马来半岛的三个重要港口和马来群岛各殖民地的管理建制，最初是由马六甲、槟榔屿和新加坡组成的殖民地。	这个小岛位于新加坡西面的马六甲海峡，英国海峡殖民地总督在 1885 年获得柔佛统治者的批准，在岛上建造一座灯塔及负责维修。（新加坡《联合早报》，2007 年 11 月 9 日）	31	22
强制性监禁	一定要坐牢的徒刑。	你最常提起的是人们窝藏非法移民，须面对强制性监禁的课题，想必你对这个课题有非常强烈的感受，请跟我们谈谈你的看法。（新加坡《联合早报》，2003 年 9 月 25 日）	31	28
捞鱼生	新加坡华人过春节时的一种民俗活动。本意为一道带有吉祥意味，祈求好运，发大财的菜式，以生鱼条搭配各色蔬果丝制作而成。	新加坡总理李显龙今晚同德义区居民捞鱼生，国务资政吴作栋则在甘榜阿兰为花车游行活动挥旗。（新加坡新动网，2007 年 3 月 4 日）	30	29
邻里警岗	警方为居民提供的服务机构。	设在芳林公园旁的牛车水邻里警岗的警员，昨天下午把今天至本月 15 日的演说者名单，张贴在布告栏上。（新加坡《联合早报》，2003 年 9 月 25 日）	29	28
邮区	邮件递送区。	想邀请合格基层领袖担任主婚人的准夫妇只需在婚姻注册局的网站输入他们的邮区，网站就会把所属集选区内，所有合格基层领袖注册官的名字和资料列出。（新加坡新动网，2007 年 3 月 29 日）	29	26
副姐	选美比赛时排在第二位的女性选手。	比赛的序幕拉开，首先由著名主持人汕耶、明星纳达邬、威乐耶及去年泰国环球小姐第一副姐安披嘎小姐任当晚赛会的司仪。（泰国《世界日报》，2007 年 3 月 26 日）	29	10

（续上表）

词条	提示性释义	例句	频次	文本数
咖啡乌	没有加奶的咖啡。	当我们在这里生活、学习、工作了3年、5年，甚至10年之后，不知不觉我们也已习惯了这个热带岛国的生活方式，爱上了这里的"咖啡乌"、"冰茶"、咖喱鱼头。（新加坡《联合早报》，2007年12月31日）	28	15
杂菜饭	相当于盖浇饭。	消协是从上个月21日至本月6日，针对本地5种最普遍的熟食（鸡肉黄姜饭、鸡饭、鱼圆面、印度煎饼和两菜一肉的杂菜饭）展开价格调查。（新加坡《联合早报》，2008年6月27日）	28	27
族群互信圈	由选区里的不同族群、各种宗教的信徒以及社区、教育和商业组织的领袖组成，促进不同族群和谐共处。	为防止这种情况，总理指示人民协会在社区、学校和工作场所设立"族群互信圈"（Inter – Racial Confidence Circle）和"和谐圈"（Harmony Circle），以促进不同宗教各个社群之间的了解。（新加坡《联合早报》，2003年1月13日）	28	26
花串	花环。	总理向具有225年历史的曼谷市国柱庙敬献花串和香烛，主持膜拜法会之后，总理前往皇家田广场主持斋僧仪式，向181位僧侣布施。（泰国《世界日报》，2007年4月22日）	28	22
丑业	色情业。	昨天，京南刑事法庭宣判一宗经营丑业案，被告娘隆（64岁，塑料袋工厂主人）。（泰国《世界日报》，2007年1月12日）	27	20
客卿	客座。	8月4日开讲，讲师团有前副首相安华依布拉欣，该组织是基于安华曾在欧美许多著名大学担任客卿讲师，以及提倡多元种族政治路线，而邀请安华。（马来西亚独立新闻在线，2006年7月24日）	27	25
时间囊	时间表、日程表。	后港小学校长说："我们觉得教育制度的改革，全球化和资讯科技的进步，事情瞬息万变，所以我和老师们觉得，把重要的物品装进时间囊，这是个好主意。"（新加坡新动网，2007年8月12日）	26	16

（续上表）

词条	提示性释义	例句	频次	文本数
峇拉煎	Balacan，一种虾米制成的酱料。	现在看来，似乎火候有点大，呛鼻的峇拉煎（belacan）开始弥漫空气中了。（马来西亚独立新闻在线，2008 年 11 月 18 日）	26	10
出生纸	出生证。	前年印尼颁布的新国籍法规定，凡在印尼出生者自动成为印尼公民，但先决条件是须有出生证（出生纸）。（泰国《世界日报》，2008 年 2 月 12 日）	25	19
气袋	气囊。汽车内的一种安全装置。原理是，汽车发生撞击时气袋生效膨胀，使人在撞击时延长接触时间，减轻施加在人体的平均力度，降低受伤机会。	据了解，徐女子疑因避狗而失控，车子也因遭安装过，安全袋没有弹出，幸好身材姣好的她，有另类安全气袋保住，没有撞至骨折。（新加坡新动网，2008 年 8 月 22 日）	25	20
欢场	娱乐场所。多指色情场所。	十几年前，就有某一位首相（总理大臣），就曾只因年青时与一欢场女子有过暧昧关系，虽早和解也已付钱了事……（新加坡《联合早报》，2006 年 9 月 4 日）	24	19
爱它死	在马来西亚和中国大陆的一种毒品，也叫摇头丸。	印尼检察官透露，这些罪犯从事制毒的工厂设在雅加达以西 60 公里外，是东南亚最大的"爱它死"工厂，每星期可生产 100 万颗"爱它死"丸，市值 1 100 万美元。（泰国《世界日报》，2007 年 5 月 31 日）	24	22
公共援助金	政府发放的救助金。	51 岁以上国民可获得 150 到 450 星元保健储蓄账户补助，独居贫困者的公共援助金也从每月 290 星元增为 330 星元。（泰国《世界日报》，2008 年 2 月 18 日）	24	22
一级棒	来自日语，表示最好。	苏贞昌昨天上午面对媒体询问时谈到招揽蔡英文任副手的原因："大家应该都看到她的表现，她无论是财经、两岸、法律以及个人在处理政务方面，都是一级棒。"（新加坡《联合早报》，2006 年 1 月 21 日）	23	22

（续上表）

词条	提示性释义	例句	频次	文本数
亚答	一种灌木，通常用作地名。	当年，陆佑捐献三万元充作经费，租借甘榜亚答新屋三间，初名尊孔学堂，后称尊孔学校。（马来西亚独立新闻在线，2006年1月20日）	23	13
冷气巴士	空调大巴。	春蓬府昨天上午发生重大车祸，1辆冷气巴士行驶中失控，从桥上掉落涧中，造成5人死亡，60人受伤，其中4人伤势严重，司机亦受伤并已被警扣押。（泰国《世界日报》，2008年3月25日）	23	23
老巴刹	新加坡历史悠久的卖饮食的场所。	张建德说，大约15分钟后，他就要抵达老巴刹，记起德士司机只能在德士站或建筑物的私人车道让乘客上下车的条例，于是把德士停在距离老巴刹约400米的罗敏申大楼德士站。（新加坡《联合早报》，2008年3月20日）	22	20
降头	一种用来害人的巫术。	朱某某事业发展有点不顺利，除了被网友批评他身材发胖外，主演的连续剧的收视率也不佳，甚至有传通灵老师发现他被中国大陆女星李某某下降头，才招致事业不顺的恶果。（新加坡新动网，2008年6月25日）	22	14
陪月妇	指陪侍产妇的妇女。	不过，一家拥有约200名马来西亚籍陪月妇的介绍所认为，四五十岁的本地妇女，教育程度较高，而陪月妇的月薪千多元，吸引力不大。（新加坡新动网，2008年12月15日）	21	15
四眼会谈	四方会谈。	不过，赛哈密日前声称，当首相马哈迪和内阁资政李光耀举行"四眼会谈"时他也在场，因此可以为马哈迪指责新加坡领导人的谈话作证这一点，受到新加坡外交部发言人驳斥。（新加坡《联合早报》，2003年2月20日）	21	19

（续上表）

词条	提示性释义	例句	频次	文本数
育儿事假	养育小孩的假期。	公会表示，虽然政府在金钱上津贴员工一半的产假和育儿事假，但是中小型企业还是在聘请替代员工等人力调配方面，成本和负担将会增加。（新加坡新动网，2008年8月21日）	21	21
污化	玷污，污染。	他污化了民主进步理念的所谓清新绿色，染上了代表滥权黑金的所谓威权蓝色，好比一支大画笔在台湾调色板上尽情挥舞翻搅，模糊了颜色分界，反倒促成了鲜明的黑白。（新加坡《联合早报》，2006年7月29日）	21	21
架步	服务。	民主行动党甘榜东姑州议员刘永山告诉独立新闻在线，刘天球是在雪州行政议会遭到逮捕，他遭逮捕的原因是与干涉警方取缔蒲种的黄色架步有关。（马来西亚独立新闻在线，2008年11月12日）	20	5
碎碎念	絮絮叨叨。	蓝正龙在节目录影中抱怨徐妈妈很爱碎碎念，有次他请徐妈妈帮他买葱油饼回家，结果她回到家后念个不停，他说，只是叫她帮我买个东西，她就一直叫叫叫，啰哩八嗦的。（新加坡新动网，2008年9月25日）	20	19
种族和谐日	纪念种族暴动的节日。	马宝山部长今天上午在淡滨尼体育场的种族和谐日活动回答记者询问时说，中国方面暂缓邀请，目前双方没有订下新的访问日期。（新加坡《联合早报》，2004年7月25日）	20	20
红头巾	借指在建筑工地上做小工的妇女。因为这些妇女多头戴红巾，故名。	关怀社会，不止限于推出新设计，改善生活，活动图象制作课程的学生许博瀚，就制作了一部华语纪录片，探讨两名年过九旬的红头巾面对的生活环境问题。（新加坡新动网，2008年3月12日）	19	18

（续上表）

词条	提示性释义	例句	频次	文本数
吊秤车	吊车。	工地工人何进财（45岁）说，今早9时15分左右，他们用吊秤车将工地的铁架吊起来时，赫然发现一只大蟒蛇藏在铁架堆里。（新加坡《联合早报》，2008年8月21日）	19	17
骗话	谎话。	我敢向上苍发誓，我说的是真话，我没说骗话。（新加坡《联合早报》，2003年2月15日）	19	18
吃风	兜风。	最后执法员说要带他去"吃风"旅游时，他才满心欢喜愿意离开。（马来西亚《光华日报》电子新闻，2008年11月12日）	18	17
风油	风油精。	在中国发展已有26年的新加坡企业傅长春储运有限公司，以及把斧标驱风油品牌打入中国市场有13年的梁介福药业（私人）有限公司，当初都是因看好中国的市场和巨大经济潜力……（新加坡《联合早报》，2006年11月1日）	18	17
温情之家	一种公民团体，为落难的外国劳工提供临时住所，也为在新加坡工作的外劳开办英语课程，帮助他们融入社会。	我在新加坡没什么朋友，来到温情之家，至少还可以向这里的义工和同乡们倾诉，稍微减轻我的担忧。（新加坡《联合早报》，2005年1月9日）	18	16
居民证	身份证。	上任不久的雅加达首都特区省长法乌兹在春节期间透露，当局已决定采取突破性的措施，免费向迄今仍未拥有身份证（居民证）的贫穷华人提供身份证明。（泰国《世界日报》，2008年2月12日）	18	17
信用状	信用证。是银行用以保证买方或进口方有支付能力的凭证。	堆栈机构正在规定进口公司的资格，将与泰京银行（KTB）开信用状，金额达12亿铢，每公斤平均约40铢。（泰国《世界日报》，2008年1月25日）	18	18

（续上表）

词条	提示性释义	例句	频次	文本数
纱笼	东南亚的一种服装。用一块布围起来的裙状衣服。	死者是该屋女东娘巴攀（61 岁），穿花纹上衣、围花纹纱笼，伏尸于该屋楼下大厅，双手被尼龙绳反绑于背后，脖子被勒瘀青，脑袋、脸庞被钝器击破，血流如注。（泰国《世界日报》，2007 年 5 月 31 日）	17	16
猎人头	猎头。	掌握双语、双文化已经成为在大中华区跨国公司担任区域主管职位的必备条件，猎人头公司指出，大中华和北亚区招聘懂华语和英语主管的人数逐年增加。 （泰国《世界日报》，2007 年 5 月 3 日）	17	14
制服人员	指警察或军人。	当局去年 3 月举行的公开听证会发现，虽然全国主要港口都已安装了安检系统，使用伽玛射线成像机检查进出港口的货柜和车子，但纽约港没有常设的制服人员，检查进入港口人员的身份，而且受检查的货柜比例也很低。 （新加坡《联合早报》，2006 年 2 月 1 日）	16	14
冷却猪肉	冷冻猪肉。	业者指出，要由西马进口猪肉比较容易，如果由东马进口，要考虑是入口生猪还是冷却猪肉。 （新加坡《联合早报》，2008 年 4 月 14 日）	16	12
莲雾	东南亚常见的一种热带水果。大陆也叫洋蒲桃。	其实和热带水果一样大陆不是没有，只不过海南莲雾没有台湾的黑金刚名气大罢了，这些个蛋蛋们就是想在台海的拉扯之间抢几个人民币，它们不会考虑政治的。（新加坡《联合早报》，2006 年 4 月 30 日）	16	15
送水节	佛历 12 月 15 日（公历 11 月）月圆时，柬埔寨人民隆重庆祝的传统节日。	此外，该组织每年逢国家大节日，如柬新年、送水节、国王生日等都会努力，使政府同意减轻服刑三分之一的女囚犯的服刑期，并尽量释放已经服刑三分之二的女囚犯。（柬埔寨中文网，2007 年 4 月 24 日）	16	15

（续上表）

词条	提示性释义	例句	频次	文本数
酒保	酒吧服务员。	傍晚时分，下班的警察们把枪往桌子上一扔，就去找酒保要啤酒，不一会儿其他人也慢慢加入其中——跟朋友消磨时光直到深夜，变成了下班后男人们的唯一夜生活。（柬埔寨中文网，2007 年 4 月 21 日）	15	8
银会	民间的储蓄团体。	巴中校友会的银会也落实了，希望尚未参加银会的校友踊跃参加。（印尼《国际日报》，2008 年 12 月 14 日）	15	9
街戏	街头表演。	为了要保存这些丰富的文化遗产，导演陈子谦利用短片拍摄新赛风的面面观，希望即使将来戏班真的走入历史，人们还可以知道街戏在新加坡历史所扮演的角色。（新加坡新动网，2006 年 12 月 13 日）	14	12
杀车	将车报废。	为鼓励开车者转用公共交通工具，从 9 月 1 日起，车主"杀车"后，将能以现金方式拿回拥车证的余值和特惠附加注册费（PARF）。（新加坡《联合早报》，2008 年 7 月 1 日）	14	13
好料	好东西。	作为一个背包旅行者，李运启的一点发现很值得大家注意："一般旅客住酒店、旅馆，我通常会住在旅游点里面，好处是，所有好看、好玩的好料，全部是在旅游区内。"（新加坡《联合早报》，2007 年 4 月 17 日）	14	14
车资	车费。	第二大德士业者 SMRT，希望在这个月底前，能同德士师傅协会会面，评估新车资结构的利与弊。（新加坡新动网，2008 年 1 月 5 日）	14	14

第十章　华文语料字母词调查[①]

第一节　语料说明

本次调查的语料来自马来西亚、新加坡、泰国、印度尼西亚、越南五个国家，共 12 家媒体，时间跨度为 2006 年到 2010 年，文本数共 452 697 个，具体如表 73 所示（语料全部从网络下载，经过自动处理，只保留标题和正文内容）：

表 73　语料具体信息

国家	媒体名	文本数
马来西亚	《光华日报》电子新闻	69 365
	独立新闻在线	8 319
	韩视新闻中心	10 703
	马新社中文网	23 145
	《亚洲时报》	34 582
新加坡	《联合早报》	86 956
	新动网	19 770
	亚洲新闻网	60 055
泰国	《世界日报》	49 244
印度尼西亚	《国际日报》	73 385
	《印尼商报》	2 310
越南	越南唐人网	14 863

① 暨南大学华文学院的郭熙教授、祝晓宏博士、刘慧博士，以及商务印书馆的蔡长虹博士对字母词词条的选择和释义，做了大量工作，特此致谢。

第二节 方法介绍

本次调查采用计算机自动处理和人工校对相结合的方法进行:

(1) 对全部语料按标点符号（?!《》,。、()｛｝""；）粗切分，将由拉丁字母、希腊字母、罗马字母、数字等结合在一起的串捆绑在一起，如果长度不超过 7，并且次数大于 9，则在该串左右最多各取 7 个字符，提取出来作为候选串。

(2) 自动剔除纯粹的日期、数字、网址、邮箱名，以及数字和度量的结合串。

(3) 将刘涌泉教授主编的《汉语字母词词典》（北京：外语教学与研究出版社，2009 年）、李宇明教授主编的《全球华语词典》（北京：商务印书馆，2010 年）中的字母词抽取出来，含汉字的字母词存储为一个文件，不含汉字的字母词存储为另一个文件，按长度降序排列。在候选串中自动匹配，为避免重复统计，先匹配含汉字的字母词，再匹配不含汉字的字母词。匹配时，采用长度优先的原则。将匹配提取出来的串视为正确的字母词。

(4) 人工归纳字母词常用的后缀，如指数、准、型、机、卡等，在剩下的候选串中，采用这些后缀自动匹配，提取出可能的字母词，人工校对。

(5) 在剩下的候选串中人工检查一遍，找出可能的字母词。

(6) 对所有字母词进行人工检查。

第三节 华文语料字母词表（频次 10 以上）[①]

表 74 华文语料字母词表（频次 10 以上）

字母词	频次	提示性释义
.cn （CN, cn）	68	因特网网络域名，表示中国网站，由中国国际互联网络信息中心正式注册并运行。
.com （COM, com）	27	国际通用顶级域名，多为公司企业注册。（英 commercial 的缩写）
24K	53	纯度为 99.99% 的黄金。也比喻非常纯粹。（K，英 karat 的缩写）

---

① 本表曾发表于教育部语言文字信息管理司组编，商务印书馆 2011 年 12 月出版的《中国语言生活状况报告 2011》（光盘版）。本次出版，重新做了修订。

（续上表）

字母词	频次	提示性释义
2D	24	二维立体，二维动画。（D，英 dimension 的缩写）
3D	194	三维立体，三维动画。（D，英 dimension 的缩写）
3G	1 184	第三代移动通信技术：～手机，～系统。（英 3rd‐generation 的缩写）
3P	54	①3P 性游戏，3 个人进行的性活动。（P，英 person 的缩写）②新加坡指"集公共、私人与人民服务于一体的"综合性网站。（英 public，private，people 的缩合）
3R	33	环保用语。指减少使用、循环使用、回收利用。（英 reduce，reuse，recovery 的缩合）
4R	10	环保用语。指减少使用、循环使用、再生、回收利用。（英 reduce，reuse，recycle，recovery 的缩合）
A4	135	①纸型规格。②飞机型号，天鹰攻击机，美国海军及其陆战队装备的一种攻击机。
A50 指数	19	股市用语，新加坡新华富时 A50 指数。由全球四大指数公司之一的新华富时指数有限公司，为满足中国国内投资者以及合格境外机构投资者需求所推出的实时可交易指数。
AA 制	14	指聚餐或其他消费结账时各人平摊出钱或各人算各人账的做法。
ABC	332	①美国广播公司。（英 American Broadcasting Company 的缩写）②出生于美国的中国人。（英 American born Chinese 的缩写）③拉丁字母的前三个，用来指一般常识或浅显的道理，也指一段事情的开始。
ABS	48	①ABS 树脂。②防抱死制动系统。（英 anti‐lock braking system 的缩写）
AB 型	13	血型的一种。
ACCA	26	特许公认会计师公会，目前世界上最大及最有影响力的专业会计师组织之一。（英 The Association of Chartered Certified Accountants 的缩写）
AD	24	广告。（英 advertisement 的缩写）

（续上表）

字母词	频次	提示性释义
ADS	14	汽车配件用语。汽车上的可调式避震系统。（英 adaptive damping system 的缩写）
ADSL	32	非对称数字用户线路。（英 asymmetrical digital subscriber line 的缩写）
AFP	18	法国新闻社，简称"法新社"。（英 Agence France – Presse 的缩写）
AI	63	人工智能。（英 artificial intelligence 的缩写）
AIDS	19	获得性免疫缺陷综合征，即艾滋病。（英 acquired immune deficiency syndrome 的缩写）
AIM	22	股市用语。伦敦证券交易所成立的替代投资市场。（英 Alternative Investment Market 的缩写）
AIT	23	美国在台协会。（英 American Institute in Taiwan 的缩写）
AM	21	调幅。（英 amplitude modulation 的缩写）
AOL	87	美国在线，美国的一家网络公司。（英 American online 的缩写）
AP 制度	94	马来西亚、新加坡等国的"汽车入口准证（进口许可）"制度。（英 approved permits imported cars 的缩写）
APEC	1 522	亚太经济合作组织。（英 Asia – Pacific Economic Cooperation 的缩写）
API	33	空气污染指数。（英 air pollution index 的缩写）
ASP	253	①股市用语。泰国亚洲证券公司。（英 Asia Securities Proprietary）②动态服务器页面。（英 active server page 的缩写）
ATM	495	即"ATM 机"，自动柜员机。（英 automated teller machine 的缩写）
ATS	18	自动列车监控系统。（英 automatic train supervision 的缩写）
ATV	12	亚洲电视台。（英 Asia Television 的缩写）
AV	89	①音频和视频。（英 audio – visual 的缩写）②成人电影。（英 adult video 的缩写）
A 股	2 174	股市用语，人民币普通股票。
A 货	14	精仿产品，外观、材质和正品几乎一样，价格较正品低廉。

（续上表）

字母词	频次	提示性释义
A 级	319	①物品质量或服务水平较高：～病房，～住宅。②最高等级：～通缉犯。
A 计划	19	一种计划的类型，以字母 A 为代号，通常表示第一选择的计划。
A 片	44	含有色情内容的电影。（A，英 adult 的首字母）
A 钱	36	源自台湾，意为"滥用公款"。（A，英 abuse 的首字母）
A 水平	13	英国的普通教育高级证书：～考试，～课程。
A 水准	115	"高等水准"的简称。英国年满 18 岁的学生参加的一种考试，新加坡也有此种考试：～考试。
A 型	162	表示一种类型：～流感，～难民帐篷。
B2B	58	企业对企业的电子商务活动模式。（英 business to business 的缩写与谐音转写）
B2C	16	企业对客户的电子商务活动模式。（英 business to customer 的缩写与谐音转写）
B4	12	纸型规格。
BB	290	婴儿：～用品。（英 baby 的缩写）
BBC	1 586	英国广播公司。（英 British Broadcasting Corporation 的缩写）
BBS	144	①电子公告牌系统。（英 bulletin board system 的缩写）②电子公告牌服务。（英 bulletin board service 的缩写）
BDI 指数	23	商业用语。波罗的海干散货运价指数。（BDI，英 baltic dry index 的缩写）
BEC	240	商务英语考试，特指剑桥商务英语资格考试。（英 business English certificate 的缩写）
Blog（blog）	81	博客。（英 web log 的缩写）
BMI	36	身体质量指数。（英 body mass index 的缩写）
BPS	31	比特每秒，指网络的传输速度。（英 bit per second 的缩写）
BRT	85	快速公交系统。（英 bus rapid transit 的缩写）
BT	344	比特流，一种下载软件。（英 bit torrent 的简称）

（续上表）

字母词	频次	提示性释义
BTV	20	北京电视台。
B 超	23	①B 型超声诊断的简称：做～。②B 型超声诊断仪的简称，利用超声脉冲回波幅度调制荧光屏辉度分布而显示人体断面像并从中获得临床诊断信息的装置。
B 股	319	股市用语。指我国大陆公司发行的特种股票，在国内证券交易所上市，供投资者以美元（沪市）或港币（深市）认购和交易。
B 计划	31	一种计划的类型，以字母 B 为代号，通常表示第二选择的计划。
B 型	154	表示一种类型：～肝炎，～学校，～保税区。
C2C	15	个体消费者与个体消费者之间的电子商务活动模式。（英 customer to customer 的缩写与谐音转写）
CA	21	证书管理机构。（英 certificate authority 的缩写）
CAC40 指数	32	股市用语。指巴黎证券交易所于 1988 年 6 月以 40 家法国最具代表性的公司股票编制的股票指数。简称"CAC 指数"（法 Cotation Assistée en Continu 40 Index 的缩写）
CAC 指数	17	见"CAC40 指数"。
CAD	21	计算机辅助设计。（英 computer aided design 的缩写）
CAI	12	计算机辅助教学。（英 computer aided instruction 的缩写）
CAT	379	①英语能力（competence）、问责制（accountability）及透明度（transparency）首字母的缩写，马来西亚政府提出的一个口号。②计算机辅助翻译。（英 computer aided translation 的缩写）
CBA	56	中国篮球协会，也指该协会主办的赛事。（英 Chinese Basketball Association 的缩写）
CBD	130	中央商务区。（英 central business district 的缩写）
CCTV	162	中国中央电视台。（英 China Central Television 的缩写）
CD	630	激光唱盘。（英 compact disc 的缩写）
CDMA	131	码分多址。一种数字通信技术。（英 code division multiple access 的缩写）

（续上表）

字母词	频次	提示性释义
CE	22	一种欧洲统一的产品认证规范。（法 Conformite Europeenne 的缩写）
CEO	835	首席执行官。（英 chief executive officer 的缩写）
CEPA	456	（我国内地与港、澳地区）更紧密的经贸关系安排。（英 closer economic partnership arrangement 的缩写）
CFO	20	首席财务官。（英 chief finance officer 的缩写）
CI	38	企业标志。（英 corporate identity 的缩写）
CIA	398	美国中央情报局。（英 Central Intelligence Agency 的缩写）
CIS	18	①城市互动系统，是一种互联网应用平台。（英 city interaction system 的缩写）②企业识别系统。（英 corporate identity system 的缩写）
CMO	26	首席营销官。（英 chief marketing officer 的缩写）
CMS	15	计算机用语。内容管理系统。（英 content management system 的缩写）
CNN	1 265	美国有线电视新闻网。（英 Cable News Network 的缩写）
CNNIC	37	中国互联网络信息中心。（英 China Internet Network Information Center 的缩写）
COO	13	首席运营官。（英 chief operating officer 的缩写）
CPI	1 119	①消费者物价指数。（英 consumer price index 的缩写）②在马来西亚指清廉印象指数。（英 corruption perception index 的缩写）
CPO	27	首席流程官。（英 chief process officer 的缩写）
CPU	71	中央处理器。（英 central processing unit 的缩写）
CRM	10	客户关系管理。（英 customer relationship management 的缩写）
CRT	34	一种使用阴极射线管的显示器。（英 cathode ray tube 的缩写）
CT（ct）	32	计算机层析成像仪。（英 computerized tomography 的缩写）
CVD	47	脑血管疾病。（英 cerebro vascular disease 的缩写）
C 型	42	一种类型：～电池，～肝炎，～轿车。

（续上表）

字母词	频次	提示性释义
DAX 指数	136	股市用语。德国一种重要的股票指数，与英国伦敦金融时报指数齐名，是世界证券市场中的重要指数之一。（德 Deutscher Aktienindex 的缩写）
DC	36	数码相机。（英 digital camera 的简称）
DDS	12	直接数字式频率合成器，用来指一种数字化技术。（英 direct digital synthesizer 的缩写）
DDT	12	即"滴滴涕"，一种杀虫剂，成分是双对氯苯基三氯乙烷，白色晶体。（英 dichloro – diphenyl – trichloro – ethane 的缩写）
deg	15	二甘醇，主要用作气体脱水剂和芳烃抽提溶剂。（英 diethylene glycol 的缩写）
Dell	34	戴尔电脑公司。
DIY	76	自己动手做。（英 do it yourself 的缩写）
DJ	585	本指播放光盘的工作人员。现多指电视或广播节目主持人：兼职～，合约～。（英 disc jockey 的缩写）
DNA	1 240	脱氧核糖核酸。（英 deoxyribonucleic acid 的缩写）
DNS	13	计算机用语。域名系统。（英 domain name system 的缩写）
DOS	10	计算机用语。磁盘操作系统。（英 disk operating system 的缩写）
DRAM	40	计算机用语。动态随机存取存储器。（英 dynamic random access memory 的缩写）
DSP	17	数字信号处理。（英 digital signal processing 的缩写）
DV	111	数字视频。也指以这种格式记录音像数据的数字摄像机。（英 digital video 的缩写）
DVD	805	数字激光视盘。（英 digital video disc 的缩写）
ECFA	1 244	海峡两岸经济合作框架协议。（英 Economic Cooperation Framework Agreement 的缩写）
EM	29	企业信息，一种企业使用的即时通信工具。（英 enterprise messaging 的缩写）

（续上表）

字母词	频次	提示性释义
email	34	电子邮件。
EMBA	56	高级管理人员工商管理硕士。（英 executive master of business administration 的缩写）
EMS	26	邮政特快专递。（英 express mail service 的缩写）
EPA	66	日本跟东盟十国签署的经济合作协定。（英 Economic Partnership Agreement 的缩写）
EPO	23	促红细胞生成素。（英 erythropoietin 的缩写）
EPS	18	股市用语。每股盈余。（英 earnings per share 的缩写）
EQ	89	情商。（英 emotional quotient 的缩写）
ERP	156	企业资源规划。（英 enterprise resource planning 的缩写）
ETC	62	电子不停车收费系统。（英 electronic toll collection 的缩写）
ETS	10	美国教育考试服务中心。（英 Educational Testing Service 的缩写）
EU	108	欧洲联盟，简称欧盟。（英 European Union 的缩写）
EV71 型	29	一种肠道病毒，可引发手足口病：~肠病毒。
EVD	53	新一代高密度数字激光视盘系统，是 DVD 的升级产品。（英 enhanced versatile disk 的缩写）
e 化	17	电子化：~分红服务。（e，英 electronic 的首字母）
e 时代	13	电子时代。（e，英 electronic 的首字母）
F1	1 656	世界一级方程式车赛。（英 Formula 1 Grand Prix 的缩写）
Fans（FANS）	750	粉丝。
FAX	43	传真。（英 facsimile 的缩写）
FBI	550	美国联邦调查局。（英 Federal Bureau of Investigation 的缩写）
FDA	111	美国食品和药物管理局。（英 Food and Drug Administration 的缩写）
FED	182	美国联邦储备局。（英 Federal Reserve System 的缩写）
FIFA	65	国际足球联盟。（法 Fédération Internationale de Football Association 的缩写）
FLASH（flash）	22	一种流行的网络动画设计软件，也指用这种软件制作的动画作品。

（续上表）

字母词	频次	提示性释义
FM	248	调频。（英 frequency modulation 的缩写）
FOB	33	装运港船上交货。（英 free on board 的缩写）
FTA	701	自由贸易框架。（英 free trade agreement 的缩写）
FTA 卡	11	①手机识别卡。（FTA，英 full type approval 的缩写）②生物技术方面的一种芯片。（FTA，英 filter paper 的缩写）
G20	495	20 国集团。一个国际经济合作论坛。（G，英 group 的首字母）
G4	34	G4 集团，指的是中国、印度、巴西、南非四个国家，这四个国家是世界贸易组织（WTO）的 G20 中比较大的核心领导国。（G，英 group 的首字母）
G7	348	西方七国集团，由美、英、法、德、意、加、日组成，是八国集团首脑会议（G8）的前身。（G，英 group 的首字母）
G8	548	八国集团，由美国、英国、法国、德国、意大利、日本、俄罗斯、加拿大组成。（G，英 group 的首字母）
GB	12	国家标准。中国国家标准的代号。（汉语拼音 guobiao 的缩写）
GDP	4 408	国内生产总值。（英 gross domestic product 的缩写）
GIS	37	地理信息系统。（英 geographic information system 的缩写）
GMP	62	药品生产质量管理规范，是世界各国对药品生产全过程监督管理普遍采用的法定技术规范。（英 good manufacturing practice 的缩写）
GMT	20	格林尼治标准时间。（英 Greenwich mean time 的缩写）
GNP	52	国民生产总值。（英 gross national product 的缩写）
GPRS	27	通用分组无线服务技术，移动电话用户可用的一种移动数据业务。（英 general packet radio service 的缩写）
GPS	225	全球定位系统。（英 global positioning system 的缩写）
GS	18	通用合成器 Roland 公司创立的一种乐器数字化接口标准，定义了最常用的 128 种乐器、音效和控制器的排列。（英 general synthesizer 的缩写）
GSM	109	全球移动通信系统。（英 global system for mobile communications 的缩写）

（续上表）

字母词	频次	提示性释义
H1N1	924	一种病毒名。
H5N1 型	238	禽流感的一种亚型：～禽流感疫情。
H5 型	54	禽流感病毒。
HDD	16	硬盘驱动器。（英 hard disk drive 的缩写）
HIV	296	人类免疫缺陷病毒。（英 human immunodeficiency virus 的缩写）
Honda	81	日本本田品牌。
HP	41	惠普公司。
HSK	93	汉语水平考试。（汉语拼音 hanyu shuiping kaoshi 的缩写）
H 股	991	指在中国境内（不含港、澳、台）注册，在香港上市的股票：～市场。
IBM	719	企业名。国际商业机器公司。（英 International Business Machines Corporation 的缩写）
IC	148	集成电路。（英 integrated circuit 的缩写）
ICANN	20	互联网名称与数字地址分配机构。（英 The Internet Corporation for Assigned Names and Numbers 的缩写）
ICBC	53	中国工商银行。（英 Industrial and Commercial Bank of China 的缩写）
ICP	47	①因特网信息提供商。（英 internet content provider 的缩写）②世界银行发表的《国际比较计划》。
ICQ	27	网上流行的一种聊天软件，名称来自 I seek you（我在找你）的谐音。
ICU	80	重症监护病房。（英 intensive care unit 的缩写）
ID	51	身份标志号码。（英 identity 的缩写）
IDC	107	互联网数据中心。（英 Internet Data Center 的缩写）
IE	38	网络浏览器。（英 internet explorer 的缩写）
IMF	1 425	国际货币基金组织。（英 International Monetary Fund 的缩写）
Intel	97	英特尔公司。

（续上表）

字母词	频次	提示性释义
IOC	64	国际奥林匹克委员会。（英 International Olympic Committee 的缩写）
IOI	210	马来西亚 IOI 集团。
IP	130	为计算机网络相互连接进行通信而设计的协议：～地址，～电视。（英 internet protocol 的缩写）
iPad	52	苹果公司生产的平板电脑。
IPO	876	首次公开募股。（英 initial public offerings 的缩写）
iPod	294	苹果公司推出的大容量播放器。
IPP	160	①马来西亚独立发电厂。（英 Independent Power Producer 的缩写）②跨平台的软件函数库，可提供广泛的多媒体功能。（英 intel integrated performance primitives 的缩写）
IPv4	25	互联网协议的第四版。（IP，英 internet protocol 的缩写）
IPv6	57	互联网协议的第六版。（IP，英 internet protocol 的缩写）
IP 地址	59	互联网协议地址。（IP，英 internet protocol 的缩写）
IP 电话	15	网络电话。（IP，英 internet protocol 的缩写）
IQ	55	智商。（英 intelligence quotient 的缩写）
IRC	28	互联网中继聊天。（英 internet relay chat 的缩写）
ISO	86	国际标准化组织。（英 International Organization for Standardization 的缩写）
ISP	44	互联网服务提供商。（英 internet service provider 的缩写）
IT	1 085	信息技术。（英 information technology 的缩写）
ITS	17	智能交通系统。（英 intelligent transport system 的缩写）
ITU	19	国际电信联盟。（英 International Telegraph Union 的缩写）
ITV	410	英国独立电视台。（英 Independent Television 的缩写）
IT 界	11	指信息技术领域。（IT，英 information technology 的缩写）
Java	51	一种计算机常用的编程语言。
Jazz	41	爵士乐。
JP	191	JP 摩根大通公司。

（续上表）

字母词	频次	提示性释义
JS	18	计算机脚本语言。（英 javascript 的缩写）
KFC	71	肯德基。（英 Kentucky Fried Chicken 的缩写）
Kospi（KOSPI）指数	159	股市用语。韩国首尔综合指数。
KTV	211	配有卡拉 OK 和电视设备的包间。
K 房	21	卡拉 OK 包间。
K 粉	36	氯胺酮用作毒品时称为 K 粉。
K 歌	160	唱卡拉 OK。
K 金	21	黄金与其他金属熔合而成的合金：～项链。
K 他命	72	克他命，一种毒品。同"K 粉"。（英 ketamine 的音译）
K 线	17	显示单位时间内证券等价格变化的柱状线。
K 仔	26	即"K 粉"，一种毒品。
LAN	24	局域网。（英 local area network 的缩写）
LCD	177	液晶显示器。（英 liquid crystal display 的缩写）
LED	163	发光二极管。（英 light emitting diode 的缩写）
LG	325	韩国企业名。
Linux	106	一种自由和开放源码的类 Unix 的操作系统。得名于计算机业余爱好者 Linus Torvalds。
LV	165	法国著名奢侈品牌路易·威登的简写。（英 Louis Vuitton 的缩写）
M0	11	流通中的现金。（M，英 monetary aggregates 的首字母）
M1	126	①狭义货币供应量。（M，英 monetary aggregates 的首字母）②新加坡第二大手机服务商。
M2	157	广义货币供应量。（M，英 monetary aggregates 的首字母）
MALL	52	大规模购物中心。
MAN	20	男人味。
MBA	100	工商管理硕士。（英 master of business administration 的缩写）
MCOT 股	16	股市用语。泰国传媒（MCOT）股票。

（续上表）

字母词	频次	提示性释义
MD	44	日本开发的一种游戏机。
MIC	11	麦克风。（英 microphone 的缩写）
MIT	54	麻省理工学院。（英 Massachusetts Institute of Technology 的缩写）
MM	167	网络用语。指年轻漂亮的女性，有时也泛指女性。
MMC	43	多媒体存储卡。（英 multimedia card 的缩写）
MMS	29	多媒体信息服务。（英 multimedia messaging service 的缩写）
MOS	13	微软专家认证。（英 microsoft office specialist 的缩写）
MP3（mp3）	409	一种常用的数字音频压缩格式，也指采用这种格式的音频文件及播放这种文件的袖珍型电子产品：～播放器，～机。（英 moving picture experts group audio layer Ⅲ 的缩写）
MP4	32	一种集音频、视频、图片浏览、电子书、收音机等于一体的多功能播放器：～播放器。（英 moving picture experts group audio layer Ⅳ的缩写）
MPA	13	公共管理硕士。（英 master of public administration 的缩写）
MPC	14	一款播放器软件。（英 media player classic 的缩写）
MRI	31	磁共振成像。（英 magnetic resonance imaging 的缩写）
MRT	10	地铁。在曼谷和新加坡则称作"捷运"。（英 mass rapid transit 的缩写）
MSN（msn）	338	一种由微软公司推出的即时通信软件。（英 microsoft service network 的缩写）
MTV	322	音乐电视。一种配合电视画面的歌曲演唱形式。（英 music television 的缩写）
MV	10	音乐视频。一种配合动态画面的歌曲演唱形式。（英 music video 的缩写）
M 型	36	多用于指 M 型社会。是日本趋势学研究者大前研一以日本近 20 年发展历程为研究对象提出的一种社会发展类型的判断。即原本人数最多的中等收入阶层，除了一小部分能往上挤入少数的高收入阶层，其他大多数沦为低收入或中低收入，原本的中间阶层凹陷下去，变得很小，两头升高，数量加大，于是，整个社会像个被拉开的字母 M。

（续上表）

字母词	频次	提示性释义
NASA	288	美国国家航空航天局。（英 National Aeronautics and Space Adminis-tration 的缩写）
NATO	23	北大西洋公约组织，简称"北约"。（英 North Atlantic Treaty Organ-ization 的缩写）
NBA	1 129	（美国）全国篮球协会，也指该协会主办的赛事。（英 National Basketball Association 的缩写）
NBC	259	美国全国广播公司。（National Broadcasting Company 的缩写）
NETS	76	①电子转账服务。（英 network for electronic transfers system 的缩写）②新加坡顶尖银行成立的星网电子付款私人有限公司。（英 Net-work for Electronic Transfers Singapore Pte Ltd 的缩写）
NG	137	就是 no good。多指演员在表演过程中出现失误、笑场或不能达到最佳效果时的中断。
NGO	115	不以营利为目的的非政府组织。（英 non-governmental organization 的缩写）
NHK	324	日本公共广播电视台。（日语罗马字 Nippon Hōsō Kyōkai 的缩写）
NIKE	97	耐克运动品牌。
NMD	156	美国国家导弹防御系统。（英 national missile defence 的缩写）
NP	10	网络处理器。（英 network processor 的缩写）
N 股	82	在中国内地注册，在纽约上市的外资股。(N，英 New York 的首字母)
N 水准	62	新加坡—剑桥普通教育证书初级水准会考的学业水平。（N，英 non‐grade 的首字母）
OA	11	办公自动化：～系统。（英 office automation 的缩写）
OB	16	高尔夫运动规则中的"界外"。（英 out of bounds 的缩写）。
OEM	70	原始设备制造商。（英 original equipment manufacture 的缩写）
OIC	77	伊斯兰会议组织。（英 Organization of the Islamic Conference 的缩写）
OL	143	①计算机在线、在网上的意思。（英 on‐line 或者 online 的缩写）②白领丽人。（英 office lady 的缩写）

（续上表）

字母词	频次	提示性释义
OPEC	598	石油输出国组织。（英 Organization of Petroleum Exporting Countries 的缩写）
OS	10	操作系统。（英 operation system 的缩写）
OTC	54	非处方药。（英 over the counter 的缩写）
O 水准	174	新加坡—剑桥普通教育证书普通水准会考的学业水平。（O，英 ordinary level examination 的缩写）
O 型	31	①一种类型：~血。②类似字母 O 形状的：~手臂。
P500 指数	10	股市用语。美国标准普尔 500 指数，美国股市的一个股票指数。
P2P	27	点对点技术，又称对等互联网络技术。（英 peer - to - peer 的缩写）
PAN	11	个人局域网。（英 personal area network 的缩写）
PC	298	个人电脑。（英 personal computer 的缩写）
PCI	17	外设部件互联标准。（英 peripheral component interconnect 的缩写）
PCR	25	聚合酶链式反应，可用于基因分离、克隆和核酸序列分析等基础研究，还可用于疾病的诊断或任何有脱氧核糖核酸、核糖核酸的地方。（英 polymerase chain reaction 的缩写）
PDA	102	掌上电脑，或称为个人数字助理。（英 personal digital assistant 的缩写）
PDC	31	产品研发中心。（英 productor development centor 的缩写）
PDP	34	等离子显示屏。（英 plasma display panel 的缩写）
PET	80	聚对苯二甲酸乙二醇酯。一种化工材料：~膜，~粒子。（英 polyethylene terephthalate 的缩写）
PH（ph）	18	氢离子浓度指数：~值。（拉丁文 pondus hydrogenii 的缩写）
PIN	11	个人标志号，用于保护智能卡免受误用的秘密标志代码。（英 personal identification number 的缩写）
PK	269	一对一单挑，只有一个人能赢，引申发展为"对决"等义。（英 play killing 的缩写）

（续上表）

字母词	频次	提示性释义
PM	53	下午。（拉丁语 post meridiem 的缩写）
PMI	116	采购经理指数，是一套月度发布的、综合性的经济监测指标体系：~ 指数。（英 purchasing managers' index 的缩写）
PNTR	17	永久正常贸易关系。（英 permanent normal trade relations 的缩写）
POS 机	15	销售点终端机，供银行卡持卡人刷卡消费使用。（英 point of sale 的缩写）
PP	92	网络用语。漂亮。
PPM	28	百万分率。常用于表示器件某个直流参数的精度。（英 part per million 的缩写）
PPP	113	①新加坡人民进步党。②泰国人民力量党。
PR	25	①永久居民。（英 permanent resident 的缩写）②公共关系。（英 public relation 的缩写）
PRO	27	互联网的通用顶级域之一，它面向具有特定从业资质的专业人士和组织注册。（英 professional 的缩写）
PSC	18	产品安全委员会。（英 Product Safety Commission 的缩写）
PTP	13	图片传输协议。（英 picture transfer protocol 的缩写）
PTT 股	23	股市用语。泰国最大的油气公司 PTT 的股票。
PTV	171	泰国的一家电视台。
PUB	33	酒吧。
PVC	130	聚氯乙烯：~ 管。（英 polyvinyl chloride 的缩写）
P 准证	15	新加坡发给外籍劳工的就业准证的一种，分为 P1 和 P2 准证，P1 准证发给月薪超过 7 000 新元的专业人士，P2 准证发给月薪在 3 500 ~ 7 000 新元的专业人士。（P，英 pass 的首字母）
QDII	616	合格的境内机构投资者（制度）。（英 qualified domestic institutional investors 的缩写）
QFII	265	合格的境外机构投资者（制度）。（英 qualified foreign institutional investors 的缩写）

（续上表）

字母词	频次	提示性释义
QH	192	泰国质量房地产公司。
QQ	365	一种流行的中文网络即时通信软件。
Q 版	26	网络用语。指带有卡通风格的，可爱的：～华仔，～姚明。
RAM	54	随机存取存储器。（英 random – access memory 的缩写）
RAP	17	说唱音乐。产生于纽约贫困黑人聚居区。RAP 是黑人俚语中的一个词，意义相当于"谈话"（talking）。
RBC	24	红细胞。（英 red blood cell 的缩写）
RCI	26	美国国际分时度假交换公司，亚洲总部在新加坡。
RM	21	一种流媒体视频文件格式。（英 realmedia 的缩写）
RMB	14	人民币。（汉语拼音 renminbi 的缩写）
SARS	4 804	严重急性呼吸综合征，即"非典型肺炎"。（英 severe acute respiratory syndrome 的缩写）
SAT	202	学术能力评估测试。（英 scholastic assessment test 的缩写）
SC	160	新加坡证券交易监督委员会。（英 Securities Commission 的缩写）
SCI	10	科学引文索引。（英 science citation index 的缩写）
SD	28	标清电视。（英 standard definition 的缩写）
SET 指数	302	泰国股票大盘指数。（英 the stock exchange of Thailand 的缩写）
SG	29	秘书长。（英 secretary general 的缩写）
SIM 卡	76	用户身份识别卡。客户识别模块。（SIM，英 subscriber identity module 的缩写）
SK – II	34	日本的一个系列化妆品品牌。
SM	78	性虐待症。（英 sadomasochism 的缩写）
SMS	147	短信息服务。（英 short message service 的缩写）
SOHO	115	小型家居办公室。（英 small office home office 的缩写）
Sony	136	日本索尼电子品牌。
SOS	61	莫尔斯电码"・・・－－－・・・"所代表的字母，是国际上通用的紧急呼救信号，也用于一般的求救或求助。

（续上表）

字母词	频次	提示性释义
SP	77	①股票暂停交易标志。②泰国一家公司。
SPA（Spa）	392	①水疗美容与养生。（拉丁文 solus per aqua 的缩写）②马来西亚公共服务委员会。（马来语 Suruhanjaya Perkhidmatan Awam 的缩写）
SPM	280	马来西亚教育文凭。（马来语 Sijil Pelajaran Malaysia 的缩写）
STB	12	网络机顶盒。（英 set－top box 的缩写）
S 股	76	指尚未进行股权分置改革或者已进入改革程序但尚未实施股权分置改革方案的股票。
TAXI	15	出租车。
TCP	14	传输控制协议。（英 transmission control protocol 的缩写）
TEU	16	集装箱单位。是以长度为 20 英尺的集装箱为国际计量单位，也称国际标准箱单位。（英 twenty－feet equivalent unit 的缩写）
TKS	65	泰国 TKS 科技公司。
TMD	108	①战区导弹防御系统。（英 theater missile defense 的缩写）②网络用语。
TNT	81	①三硝基甲苯，黄色炸药。（英 trinitrotoluene 的缩写）②TNT 集团。全球领先的快递和邮政服务提供商，总部设在荷兰。
TV	27	电视。（英 television 的缩写）
TVB 台	10	香港电视广播有限公司，简称"无线电视台"。
T 台	36	呈 T 形的表演台，多用于时装表演。也称"T 型台"。
T 型（T 形）	40	像字母 T 的形状。
T 恤	999	一种短袖套头上衣，因形状像字母 T 而得名。也称"T 恤衫"。
UFO	70	不明飞行物。（英 unidentified flying object 的缩写）
UN	45	联合国。（英 United Nation 的缩写）。
UNDP	33	联合国开发计划署。（英 United Nation Development Programme 的缩写）。
UPS	93	①不间断电源。（英 uninterruptable power supply 的缩写）②美国联合包裹公司。（英 United Parcel Service 的缩写）

（续上表）

字母词	频次	提示性释义
USB	84	通用串行总线。（英 universal serial bus 的缩写）
UT	24	超声试验。（英 ultrasound test 的缩写）
UV	45	紫外线。（英 ultraviolet 的缩写）
U 盘	39	USB 闪存盘。一种存储设备。也写作"优盘"。（U，英 USB 的首字母）
U 型（U 形）	49	像字母 U 形状的：～池，～管；～螺栓，～弯道。
U 转	100	像字母 U 形状的转弯路口。
VCD	206	激光压缩视盘。（英 video compact disc 的缩写）
VIP	222	要人，贵宾，非常重要的人。（英 very important person 的缩写）
VOD	10	视频点播技术。（英 video on demand 的缩写）
VPN	21	虚拟专用网络。（英 virtual private network 的缩写）
VS（vs，Vs）	359	（比赛中）与……相对：下一场是中国～日本。（拉丁文 versus 的缩写）
V 型（V 形）	44	像字母 V 形状的：～金属带，～楼梯；～铁，～槽。
WAP	26	无线应用协议。一项全球性的网络通信协议。（英 wireless application protocol 的缩写）
WAPI 标准	18	无线局域网鉴别和保密基础结构，是一种安全协议，同时也是中国无线局域网安全强制性标准。（英 wireless LAN authentication and privacy infrastructure 的缩写）
WBC	13	世界棒球经典赛。（英 world baseball classic 的缩写）
web	31	网络站点。
WHA	171	世界卫生大会。（英 World Health Assembly 的缩写）
WHO	775	世界卫生组织。（英 World Health Organization 的缩写）
Wi – Fi（WiFi）	71	一种可以将个人电脑、手持设备（如 PDA、手机）等终端以无线方式互相连接的技术。（英 wireless fidelity 的缩写）
WPS	12	文字处理系统。（英 word processing system 的缩写）
WTO	1 357	世界贸易组织。（英 World Trade Organization 的缩写）

（续上表）

字母词	频次	提示性释义
XL	26	衣服的型号，加大号。
XO	30	在白兰地中表示"特陈"的意思，指窖藏达 40 到 75 年的特陈白兰地。（英 eXtra Old 的缩写）
XP	44	Windows 操作系统之一。
X 光	533	X 射线，X 光片。
X 染色体	10	决定生物个体性别的性染色体的一种。
X 射线	47	爱克斯射线。医学上用于透视和治疗。也叫"伦琴射线"。
Yahoo（YAHOO）	96	雅虎。美国著名的互联网门户网站，20 世纪末互联网奇迹的创造者之一。其服务包括搜索引擎、电邮、新闻等，业务遍及 24 个国家和地区，为全球超过 5 亿的独立用户提供多元化的网络服务。同时也是一家全球性的因特网通信、商贸及媒体公司。
Y 染色体	22	决定生物个体性别的一种性染色体。
γ 射线	12	伽马射线。有很强的穿透力，工业中可用于探伤或流水线的自动控制，医疗上用来治疗肿瘤。
阿 Q	135	鲁迅小说《阿 Q 正传》中的主人公，"精神胜利者"的典型。
卡拉 OK	780	20 世纪 70 年代中期由日本发明的一种音响设备，日语是"无人乐队"的意思。
三 K 党	11	美国一个奉行白人至上主义的民间组织，也是一个反动恐怖组织。（英 K. K. K 是 Ku Klux Klan 的缩写）
维生素 A	20	维生素的一种。（译自英文 vitamin A）
维生素 C	51	维生素的一种。（译自英文 vitamin C）
维生素 E	12	维生素的一种。（译自英文 vitamin E）
维他命 C	67	同"维生素 C"。

附　录

表 1　华文语料字表（覆盖率前 90%）

序	字	频次	文本数	序	字	频次	文本数
1	的	5 028 063	278 204	23	政	688 500	133 849
2	国	1 986 592	225 305	24	时	683 754	207 516
3	在	1 693 048	263 024	25	对	681 928	184 214
4	是	1 450 464	237 306	26	民	666 530	123 932
5	一	1 365 979	237 044	27	行	653 909	186 195
6	人	1 328 060	223 981	28	来	644 669	192 150
7	中	1 260 023	220 757	29	个	620 903	186 276
8	有	1 231 599	240 405	30	发	618 815	191 372
9	不	1 198 591	219 124	31	说	595 171	177 797
10	会	1 166 394	207 647	32	到	588 625	194 083
11	大	962 861	211 415	33	也	576 250	187 518
12	他	932 115	183 363	34	将	567 311	185 800
13	为	901 426	222 668	35	美	562 823	105 728
14	年	821 680	186 586	36	要	545 278	170 742
15	日	793 054	219 084	37	公	525 985	149 076
16	和	785 244	198 030	38	前	524 021	196 330
17	出	768 027	216 605	39	报	521 406	189 742
18	以	731 573	208 319	40	家	517 640	159 028
19	上	731 154	212 791	41	表	504 921	186 918
20	这	729 484	195 623	42	后	501 133	179 915
21	了	714 619	187 722	43	方	495 228	158 471
22	新	702 451	215 649	44	成	490 345	170 255

序	字	频次	文本数	序	字	频次	文本数
45	经	488 741	166 140	73	进	386 929	149 426
46	们	479 566	134 166	74	作	385 935	143 774
47	主	478 096	154 295	75	名	378 063	133 742
48	地	477 761	150 478	76	示	377 634	162 085
49	能	476 834	160 025	77	关	372 351	132 536
50	我	467 940	108 342	78	外	369 687	146 680
51	生	459 856	141 412	79	分	368 068	141 687
52	法	455 666	129 714	80	开	367 290	153 185
53	长	455 546	147 877	81	月	366 047	140 353
54	于	454 852	175 310	82	现	364 907	148 153
55	部	454 073	148 095	83	理	361 376	140 810
56	加	445 574	152 218	84	合	353 371	144 386
57	马	444 265	101 630	85	业	345 972	90 679
58	本	442 351	155 072	86	就	344 714	130 712
59	过	442 092	175 519	87	其	341 679	145 238
60	台	436 668	80 140	88	府	341 099	104 236
61	员	432 927	138 652	89	天	340 377	143 462
62	而	424 039	159 343	90	当	337 852	141 294
63	事	419 931	141 602	91	场	337 498	117 713
64	选	413 939	72 363	92	因	336 513	146 913
65	可	412 527	149 821	93	自	333 089	131 268
66	多	411 995	155 949	94	得	332 783	137 159
67	下	410 142	164 627	95	已	331 660	151 121
68	及	408 992	147 052	96	所	329 897	138 739
69	与	408 797	143 171	97	同	324 969	140 967
70	党	395 177	54 438	98	市	324 707	86 888
71	者	389 327	139 800	99	之	324 439	134 147
72	动	387 675	136 626	100	总	322 501	116 053

序	字	频次	文本数
101	全	322 353	133 092
102	都	321 446	127 470
103	议	318 857	95 102
104	拉	313 189	87 965
105	面	312 995	134 777
106	道	312 489	139 300
107	机	312 180	108 321
108	力	311 308	116 992
109	高	310 772	124 444
110	内	309 282	129 364
111	定	305 782	128 279
112	学	305 061	62 355
113	此	304 064	138 700
114	最	303 910	134 129
115	华	302 388	81 596
116	工	301 218	98 244
117	问	298 984	110 983
118	被	293 931	116 123
119	并	291 255	140 324
120	但	291 114	135 078
121	指	288 565	120 409
122	今	288 300	137 194
123	两	286 532	111 520
124	重	279 556	121 791
125	资	278 772	80 920
126	提	278 137	118 310
127	利	274 344	99 689
128	统	271 965	101 320

序	字	频次	文本数
129	如	271 915	118 504
130	联	267 702	102 968
131	还	266 050	127 305
132	万	265 998	90 433
133	区	263 760	90 283
134	斯	262 287	76 076
135	相	259 036	119 473
136	题	257 931	93 798
137	受	256 598	125 144
138	没	255 393	115 712
139	子	254 170	93 413
140	达	253 835	112 355
141	期	252 529	119 793
142	目	250 392	124 515
143	任	248 834	100 212
144	用	248 777	104 186
145	亚	248 750	83 584
146	安	248 481	87 968
147	至	248 295	117 315
148	金	247 374	77 329
149	心	246 747	105 121
150	体	244 553	104 259
151	里	244 119	97 497
152	该	242 953	105 050
153	意	240 622	108 190
154	局	240 284	90 521
155	展	240 269	94 761
156	明	239 062	107 132

序	字	频次	文本数
157	第	238 431	100 481
158	入	235 718	106 591
159	实	234 643	101 848
160	立	233 140	92 950
161	由	232 912	118 779
162	然	231 974	109 454
163	次	231 251	109 389
164	持	230 382	105 512
165	比	230 045	84 372
166	军	228 279	50 942
167	交	228 138	91 185
168	系	227 295	96 617
169	正	227 181	107 900
170	度	226 774	100 531
171	数	226 710	89 914
172	电	225 760	94 355
173	司	225 403	69 787
174	小	224 916	86 534
175	间	224 640	112 265
176	应	222 803	99 004
177	制	222 630	85 336
178	社	220 639	102 208
179	湾	220 487	42 043
180	警	218 092	54 256
181	布	217 356	90 132
182	调	215 464	90 824
183	情	214 802	100 323
184	元	214 668	62 692

序	字	频次	文本数
185	首	214 665	94 709
186	向	214 029	108 447
187	通	213 518	97 078
188	务	212 918	87 215
189	文	212 884	71 051
190	更	210 539	99 638
191	起	208 130	106 141
192	战	207 451	58 360
193	海	207 379	63 785
194	从	206 773	106 502
195	教	206 324	51 334
196	认	206 083	96 277
197	投	205 038	67 331
198	去	204 967	104 109
199	计	204 526	88 618
200	无	203 964	95 952
201	接	201 373	110 276
202	阿	199 717	55 519
203	论	197 160	77 353
204	回	196 074	86 356
205	点	195 695	80 990
206	些	195 691	92 727
207	建	194 846	74 443
208	西	193 970	70 404
209	只	193 208	97 797
210	反	192 661	78 639
211	产	191 800	63 303
212	巴	191 557	63 033

序	字	频次	文本数
213	等	190 599	98 302
214	席	189 730	75 079
215	保	189 381	84 415
216	决	188 722	83 439
217	水	188 714	57 273
218	州	188 645	41 558
219	好	188 530	93 602
220	车	188 167	44 473
221	信	187 893	85 093
222	价	187 833	55 004
223	坡	186 610	75 410
224	吉	185 533	60 991
225	三	183 652	84 764
226	商	182 547	69 448
227	平	181 700	80 345
228	举	181 586	82 260
229	据	180 264	104 316
230	案	179 554	59 191
231	手	178 411	79 442
232	果	177 941	93 394
233	代	177 824	76 798
234	位	177 102	87 766
235	济	176 678	53 587
236	强	176 305	85 920
237	网	175 953	89 426
238	解	175 151	83 528
239	特	175 125	77 436
240	导	174 488	88 881

序	字	频次	文本数
241	克	170 319	49 675
242	股	168 921	30 165
243	讯	168 797	131 486
244	组	167 758	69 767
245	东	165 751	69 617
246	管	165 682	92 341
247	领	165 493	72 849
248	权	165 374	57 462
249	取	165 270	87 787
250	周	165 098	82 118
251	化	162 658	63 399
252	增	161 922	59 303
253	球	161 697	47 353
254	北	161 657	64 504
255	使	161 641	84 046
256	共	161 131	76 705
257	令	160 888	64 511
258	查	160 300	61 915
259	闻	158 004	107 609
260	基	157 750	65 965
261	院	157 189	56 069
262	治	156 691	58 506
263	泰	156 310	47 640
264	尔	155 647	50 635
265	件	155 256	71 344
266	委	155 197	53 417
267	英	154 667	49 012
268	票	154 647	38 392

序	字	频次	文本数
269	士	152 687	68 527
270	世	151 922	68 496
271	告	151 805	70 901
272	很	151 691	76 893
273	各	150 830	77 307
274	团	149 955	55 476
275	界	149 848	75 711
276	看	149 641	72 502
277	伊	148 833	31 818
278	非	147 958	74 774
279	女	147 947	46 949
280	性	147 799	67 550
281	让	147 091	78 433
282	种	146 957	64 368
283	何	146 780	75 116
284	南	146 762	58 563
285	传	146 630	80 463
286	陈	146 467	37 930
287	亿	146 286	42 341
288	获	145 803	77 685
289	再	145 353	80 770
290	支	144 932	66 623
291	赛	144 839	28 030
292	求	143 944	76 558
293	约	143 562	74 669
294	收	143 471	59 639
295	际	143 106	67 396
296	消	141 783	81 360

序	字	频次	文本数
297	港	141 700	40 619
298	打	141 529	73 474
299	她	141 200	37 331
300	望	140 707	81 077
301	结	138 870	75 162
302	官	138 836	60 578
303	或	138 732	73 451
304	项	137 983	69 809
305	近	137 949	86 539
306	队	137 705	43 640
307	早	136 859	79 777
308	感	135 903	62 161
309	程	135 539	64 727
310	给	134 669	79 418
311	口	134 285	56 547
312	身	133 806	72 401
313	证	133 474	63 862
314	少	133 248	73 889
315	格	132 913	57 355
316	则	132 872	80 487
317	处	132 426	73 670
318	必	131 749	70 373
319	记	131 673	68 490
320	包	131 668	81 527
321	林	130 835	42 708
322	原	130 466	71 271
323	运	130 075	52 866
324	参	128 604	62 084

序	字	频次	文本数
325	活	128 499	63 977
326	希	128 365	69 661
327	路	128 301	55 286
328	着	128 271	69 776
329	言	128 093	66 458
330	续	127 494	76 293
331	常	126 849	72 926
332	每	126 759	64 097
333	争	126 526	55 289
334	影	126 519	63 499
335	众	126 459	60 120
336	未	125 881	74 283
337	德	125 142	45 997
338	品	124 857	43 815
339	改	123 932	56 031
340	二	122 500	65 357
341	击	122 012	55 743
342	造	121 225	67 960
343	助	121 170	64 203
344	那	121 117	61 384
345	协	120 590	57 056
346	物	120 496	53 408
347	油	120 078	25 304
348	势	119 964	57 608
349	费	119 229	47 188
350	样	118 636	65 896
351	尼	118 636	41 061
352	式	117 329	65 569

序	字	频次	文本数
353	量	116 278	58 415
354	么	116 172	54 811
355	设	115 990	56 314
356	预	115 747	59 755
357	媒	115 534	66 391
358	别	115 189	70 593
359	门	114 700	55 246
360	放	114 597	60 347
361	话	114 094	60 338
362	划	113 700	50 021
363	印	113 191	39 252
364	准	113 090	65 367
365	专	112 976	53 261
366	息	112 036	71 154
367	做	111 830	62 974
368	知	111 646	64 416
369	直	111 183	66 435
370	升	111 131	49 101
371	星	111 054	55 907
372	空	110 291	41 778
373	才	109 504	64 305
374	什	108 804	40 925
375	率	108 574	44 851
376	把	108 372	63 060
377	集	108 224	49 419
378	谈	107 806	45 367
379	推	107 723	62 008
380	引	107 018	66 806

序	字	频次	文本数
381	流	106 856	46 776
382	易	106 660	46 998
383	致	105 493	67 255
384	需	105 476	60 657
385	演	105 139	41 511
386	变	103 914	52 118
387	宣	103 165	58 895
388	罗	102 800	36 797
389	洲	102 733	40 493
390	游	102 633	32 253
391	京	102 538	38 802
392	客	101 916	38 390
393	视	101 829	54 393
394	失	101 336	52 149
395	先	100 960	57 546
396	医	100 726	31 340
397	朝	100 530	25 653
398	即	99 645	65 890
399	访	99 366	44 799
400	另	99 331	71 985
401	备	99 329	57 871
402	育	99 275	38 251
403	许	99 125	56 134
404	否	99 123	57 713
405	办	98 486	52 359
406	香	98 259	31 750
407	施	98 009	50 369
408	昨	97 888	56 672

序	字	频次	文本数
409	曾	97 851	56 832
410	策	97 817	42 961
411	独	97 697	36 681
412	威	97 192	44 254
413	见	97 155	57 187
414	李	96 951	28 281
415	拿	96 348	46 872
416	陆	96 138	28 939
417	张	95 893	43 517
418	称	95 761	56 085
419	想	95 748	49 498
420	须	95 693	54 404
421	除	95 684	62 287
422	供	95 617	51 649
423	确	95 607	60 557
424	头	95 184	52 499
425	已	95 084	48 505
426	副	94 993	53 456
427	括	94 827	67 988
428	带	94 728	59 628
429	根	94 401	56 898
430	站	94 139	61 085
431	往	93 753	55 822
432	死	93 689	33 567
433	份	93 550	52 268
434	显	93 298	57 963
435	单	92 985	50 459
436	服	92 144	46 107

序	字	频次	文本数	序	字	频次	文本数
437	连	91 915	48 544	465	维	85 004	42 196
438	步	91 571	56 037	466	师	84 775	34 654
439	病	91 345	22 618	467	责	84 643	49 053
440	城	91 080	40 710	468	阵	84 629	27 043
441	四	91 010	51 826	469	走	84 273	47 549
442	露	89 935	60 147	470	标	84 045	46 466
443	哈	89 878	29 811	471	越	83 789	33 439
444	扁	89 862	11 696	472	请	83 749	45 470
445	铢	89 148	17 154	473	声	83 502	46 751
446	难	89 120	49 021	474	武	82 823	31 637
447	科	89 031	36 621	475	线	82 699	41 865
448	十	88 950	43 719	476	控	82 667	38 858
449	兰	88 405	37 342	477	太	82 577	40 250
450	卡	88 374	33 098	478	低	82 185	43 938
451	却	88 015	55 101	479	双	81 951	40 817
452	观	88 015	46 704	480	始	81 457	55 739
453	款	87 395	32 261	481	继	81 452	54 665
454	校	87 301	19 961	482	纳	81 292	35 994
455	况	87 257	56 223	483	完	81 154	52 779
456	响	86 736	52 773	484	益	80 699	39 721
457	防	86 647	37 261	485	义	80 649	35 223
458	它	86 533	44 087	486	岁	80 643	42 410
459	银	86 388	25 746	487	律	80 433	33 927
460	职	86 212	36 190	488	友	80 346	40 268
461	书	86 106	39 868	489	风	80 178	40 061
462	气	85 969	43 625	490	沙	79 886	30 325
463	透	85 235	60 092	491	较	79 851	51 418
464	候	85 100	42 884	492	财	79 742	38 140

序	字	频次	文本数
493	色	79 319	38 475
494	广	79 228	37 248
495	卫	79 136	33 049
496	督	79 036	34 493
497	航	78 975	15 042
498	真	78 461	42 489
499	超	78 386	48 092
500	黄	78 384	30 603
501	值	78 356	41 077
502	规	78 237	41 339
503	企	77 627	29 343
504	条	77 428	40 696
505	五	76 992	44 478
506	落	76 849	45 360
507	清	76 800	42 623
508	执	76 365	41 586
509	仍	75 950	50 897
510	营	75 905	35 964
511	伤	75 697	33 983
512	节	75 401	35 620
513	老	75 372	33 606
514	级	75 355	41 260
515	山	75 157	31 102
516	鲜	75 091	19 610
517	且	74 624	52 512
518	源	74 008	36 597
519	织	73 828	34 240
520	止	73 580	48 349

序	字	频次	文本数
521	严	73 228	45 019
522	料	73 208	43 189
523	亲	73 047	34 326
524	欧	72 631	25 445
525	你	72 297	27 345
526	研	72 285	32 224
527	奥	71 593	20 577
528	光	71 501	35 322
529	整	71 288	44 073
530	采	71 066	43 782
531	历	70 983	34 926
532	房	70 818	23 328
533	境	70 792	36 789
534	几	70 668	46 380
535	王	70 541	23 833
536	核	70 479	19 634
537	居	70 418	33 683
538	转	70 376	42 586
539	承	70 239	40 909
540	担	70 232	45 851
541	火	70 055	25 269
542	韩	69 954	18 844
543	又	69 673	43 274
544	察	69 501	34 959
545	半	69 126	41289
546	米	68 842	25 260
547	派	68 798	36 052
548	盟	68 550	22 645

序	字	频次	文本数
549	容	68 427	42 709
550	够	68 404	43 948
551	诉	68 116	33 999
552	尽	67 750	48 565
553	负	67 728	45 548
554	购	67 402	27 997
555	构	67 374	35 944
556	百	67 371	35 489
557	注	67 252	42 746
558	旅	66 962	21 895
559	述	66 950	45 285
560	岸	66 934	22 110
561	列	66 897	33 504
562	检	66 619	30 070
563	庭	66 313	26 025
564	男	66 293	27 197
565	考	65 940	36 367
566	排	65 899	37 237
567	护	65 847	35 077
568	曼	65 769	28 118
569	虽	65 673	49 191
570	央	65 475	31 549
571	照	65 352	36 423
572	批	65 270	38 462
573	住	65 268	35 519
574	族	65 205	22 327
575	评	65 002	38 280
576	隆	64 966	39 748

序	字	频次	文本数
577	例	64 473	36 800
578	晚	64 211	39 212
579	究	64 136	32 826
580	贸	63 886	20 698
581	随	63 865	47 172
582	午	63 848	40 890
583	依	63 836	37 808
584	足	63 744	37 539
585	离	63 712	39 082
586	售	63 677	26 959
587	便	63 573	43 525
588	深	63 554	38 240
589	夫	63 522	26 610
590	复	63 458	37 679
591	质	63 361	34 152
592	留	63 172	35 522
593	弹	63 108	22 360
594	减	63 076	33 967
595	竞	63 004	28 410
596	边	62 777	34 602
597	九	62 524	19 812
598	涨	62 449	21 039
599	具	62 353	39 430
600	槟	62 228	14 262
601	六	61 816	34 666
602	形	61 633	38 333
603	域	61 569	27 325
604	满	61 516	40 993

序	字	频次	文本数		序	字	频次	文本数
605	突	61 459	39 407		633	环	57 261	29 398
606	遭	61 458	37 887		634	胜	57 239	25 953
607	乐	61 170	29 675		635	苏	57 228	23 573
608	段	60 811	38 027		636	监	57 204	29 228
609	判	60 755	26 145		637	署	57 079	30 710
610	讨	60 694	36 393		638	破	56 873	33 892
611	象	60 220	36 721		639	装	56 826	28 446
612	恐	60 171	24 463		640	白	56 724	28 504
613	爱	60 030	28 489		641	算	56 694	33 327
614	币	59 968	18 830		642	犯	56 517	24 130
615	素	59 944	32 153		643	土	56 495	23 448
616	快	59 839	38 161		644	切	56 479	35 834
617	效	59 726	37 566		645	片	56 306	25 352
618	态	59 418	35 026		646	图	56 201	32 168
619	农	59 259	19 274		647	存	56 184	31 755
620	术	59 115	26 350		648	飞	56 146	21 452
621	技	58 918	28 491		649	货	55 951	22 129
622	极	58 800	37 825		650	功	55 830	34 877
623	型	58 724	30 148		651	登	55 807	26 025
624	儿	58 624	24 960		652	疑	55 646	33 515
625	号	58 573	30 405		653	纪	55 212	28 639
626	青	58 056	22 693		654	爆	55 069	24 985
627	神	58 055	27 987		655	命	55 033	32 004
628	史	57 686	26 696		656	仅	54 741	35 595
629	断	57 549	36 981		657	热	54 590	31 062
630	终	57 543	37 692		658	千	54 506	29 582
631	限	57 539	32 986		659	类	54 278	31 200
632	愿	57 326	36 271		660	岛	54 180	21 580

序	字	频次	文本数
661	待	53 803	36 730
662	季	53 720	20 388
663	萨	53 583	17 258
664	兴	53 495	30 355
665	融	53 455	22 297
666	届	53 262	29 040
667	销	53 169	23 839
668	层	52 528	29 636
669	绝	52 528	35 339
670	密	52 311	30 025
671	额	52 249	27 316
672	角	52 184	30 149
673	属	52 111	34 395
674	迪	52 069	19 342
675	降	51 989	27 175
676	坛	51 953	18 043
677	底	51 757	35 383
678	灾	51 565	13 204
679	跌	51 512	17 181
680	班	51 422	23 455
681	福	51 327	23 961
682	免	51 297	33 347
683	买	51 227	26 705
684	速	50 932	29 939
685	申	50 781	25 373
686	食	50 735	18 962
687	停	50 677	29 973
688	器	50 470	21 799

序	字	频次	文本数
689	善	50 445	29 580
690	省	50 385	21 807
691	综	50 334	42 163
692	普	50 140	25 505
693	冲	49 965	31 666
694	创	49 927	28 386
695	积	49 875	31 547
696	紧	49 742	33 242
697	识	49 462	27 644
698	花	49 367	26 092
699	课	49 358	21 842
700	促	49 128	32 079
701	石	49 009	18 439
702	富	48 970	22 539
703	巫	48 736	10 958
704	退	48 659	25 045
705	压	48 497	28 931
706	救	48 456	19 743
707	炸	48 407	12 956
708	群	48 309	24 476
709	语	48 246	19 705
710	远	48 240	28 324
711	略	48 199	24 023
712	丹	48 157	20 696
713	像	47 976	28 930
714	验	47 791	26 327
715	录	47 774	24 828
716	杀	47 742	20 968

序	字	频次	文本数
717	诺	47 675	25 323
718	店	47 572	18 880
719	干	47 438	26 243
720	涉	47 219	28 188
721	占	46 839	27 306
722	送	46 748	29 268
723	针	46 670	32 875
724	危	46 544	26 300
725	汇	46 370	17 147
726	读	46 364	25 872
727	修	46 001	22 393
728	状	45 896	28 945
729	精	45 581	26 581
730	试	45 543	23 549
731	庆	45 541	18 417
732	害	45 408	26 477
733	测	45 402	25 860
734	初	45 378	32 204
735	志	45 362	22 832
736	税	45 349	12 729
737	毒	45 339	12 850
738	宗	45 332	19 780
739	园	45 261	19 206
740	险	45 121	24 199
741	罪	45 059	20 168
742	讲	44 760	24 501
743	波	44 749	23 557
744	奖	44 556	13 558

序	字	频次	文本数
745	审	44 112	19 328
746	轻	44 051	29 033
747	配	43 894	26 338
748	俄	43 792	10 351
749	秘	43 744	25 591
750	牌	43 473	19 469
751	谢	43 454	16 685
752	亡	43 317	22 728
753	钱	43 297	21 358
754	字	43 236	24 900
755	抗	43 197	22 462
756	革	43 084	17 033
757	屋	42 907	15 569
758	拥	42 860	29 215
759	顿	42 688	19 917
760	朗	42 353	11 530
761	钟	42 315	19 037
762	私	42 272	22 256
763	攻	42 144	20 709
764	龙	42 057	18 096
765	付	41 995	26 221
766	歌	41 937	12 913
767	补	41 514	24 623
768	措	41 445	25 379
769	思	41 411	21 714
770	败	41 323	21 622
771	红	41 313	20 651
772	袖	41 213	20 837

序	字	频次	文本数	序	字	频次	文本数
773	董	40 909	14 645	801	古	38 291	17 118
774	临	40 897	27 774	802	估	38 185	24 523
775	甚	40 819	30 234	803	短	38 129	22 871
776	若	40 787	25 913	804	念	38 084	21 216
777	签	40 755	20 776	805	模	37 977	22 977
778	良	40 618	25 720	806	充	37 949	28 995
779	顾	40 378	26 683	807	莱	37 894	16 135
780	禁	40 274	19 698	808	细	37 885	19 859
781	汽	40 259	14 420	809	围	37 724	25 566
782	捕	40 251	17 098	810	劳	37 529	16 026
783	裁	40 217	19 435	811	激	37 452	26 153
784	幅	40 217	20 931	812	努	37 448	24 830
785	援	40 055	20 601	813	健	37 445	20 041
786	优	40 030	24 858	814	博	37 377	17 589
787	冠	40 023	15 091	815	温	37 370	16 837
788	予	40 005	27 884	816	辑	37 237	19 935
789	章	39 992	19 420	817	射	37 215	13 652
790	菲	39 941	14 729	818	鲁	37 097	16 831
791	稳	39 938	25 542	819	吴	37 089	12 866
792	暴	39 902	19 941	820	胡	36 870	13 660
793	觉	39 707	26 329	821	礼	36 859	19 923
794	均	39 351	26 005	822	画	36 845	20 843
795	户	39 121	18 147	823	馆	36 813	15 659
796	听	39 120	24 235	824	县	36 599	15 404
797	塔	39 014	14 909	825	末	36 534	18 594
798	急	38 816	24 273	826	差	36 510	22 464
799	欢	38 636	25 128	827	宪	36 473	11 666
800	呼	38 479	27 120	828	莫	36 461	18 632

序	字	频次	文本数
829	释	36 320	21 246
830	药	36 244	13 500
831	烈	36 155	25 515
832	召	36 061	24 333
833	卖	36 020	18 366
834	移	36 000	18 903
835	假	35 968	20 134
836	谷	35 837	17 404
837	皇	35 790	12 230
838	坚	35 711	23 455
839	村	35 683	13 300
840	虑	35 614	25 663
841	音	35 514	18 117
842	习	35 475	16 987
843	范	35 450	22 218
844	酒	35 439	13 727
845	换	35 429	21 649
846	互	35 290	20 214
847	坦	35 272	15 922
848	震	35 255	11 573
849	伦	35 131	17 526
850	雅	35 046	16 627
851	楼	35 019	15 849
852	轮	34 955	17 790
853	铁	34 891	13 431
854	右	34 847	22 258
855	尤	34 844	23 427
856	宝	34 653	14 917

序	字	频次	文本数
857	余	34 651	23 462
858	左	34 501	22 550
859	眼	34 485	21 333
860	损	34 420	20 832
861	倒	34 404	19 239
862	澳	34 170	12 557
863	扩	34 129	21 789
864	驻	34 081	18 927
865	找	34 026	23 552
866	室	33 961	19 530
867	似	33 960	25 389
868	姆	33 894	11 045
869	玛	33 823	14 118
870	妇	33 805	13 493
871	厂	33 710	13 174
872	邦	33 696	16 871
873	托	33 672	16 244
874	母	33 663	14 413
875	延	33 662	21 443
876	置	33 661	23 044
877	介	33 626	21 681
878	拍	33 539	15 848
879	典	33 465	16 604
880	询	33 360	23 004
881	吸	33 304	21 214
882	吁	33 285	22 009
883	兵	33 266	13 570
884	贷	33 228	10 647

序	字	频次	文本数
885	缺	33 130	21 160
886	袭	33 098	14 355
887	唱	33 051	10 487
888	黑	32 898	17 179
889	景	32 891	21 427
890	康	32 785	18 035
891	寻	32 774	22 635
892	束	32 698	24 752
893	跟	32 587	22 612
894	盛	32587	21 583
895	盘	32 550	15 264
896	幕	32 525	21 123
897	追	32 491	21 461
898	抵	32 471	21 683
899	辆	32 461	14 710
900	森	32 318	15 384
901	答	32 292	20 759
902	座	32 099	19 470
903	江	31 934	12 864
904	迎	31 933	22 108
905	著	31 907	21 333
906	顺	31 812	20 757
907	刊	31 715	20 945
908	择	31 651	21 374
909	久	31 552	23 817
910	挑	31 522	20 479
911	故	31 505	18 933
912	孩	31 432	13 571

序	字	频次	文本数
913	仙	31 347	7 287
914	守	31 291	20 276
915	荣	31 287	17 009
916	乎	31 257	23 323
917	架	31 153	15 892
918	枪	31 146	10 261
919	贪	31 091	9 695
920	哥	31 068	14 539

表2　华文语料词语表（前1 000词条）

频序	词语	频次	文本数
1	的	4 888 410	273 679
2	在	1 466 632	254 729
3	是	1 070 243	221 380
4	和	673 093	187 177
5	他	661 308	141 232
6	了	571 260	161 095
7	不	568 868	162 807
8	也	553 966	183 603
9	将	501 866	172 963
10	说	495 343	162 998
11	有	491 780	174 691
12	一	472 421	164 664
13	人	378 680	128 901
14	会	371 982	137 290
15	对	370 749	139 755
16	中	367 191	137 762

频序	词语	频次	文本数
17	中国	357 245	64 318
18	这	346 543	145 853
19	与	339 402	125 218
20	为	318 404	140 751
21	而	278 070	129 816
22	都	278 002	115 381
23	上	276 572	126 115
24	到	276 143	128 873
25	表示	273 707	134 732
26	以	263 215	124 934
27	被	259 690	109 958
28	个	257 026	121 426
29	后	250 053	127 073
30	名	243 089	98 735
31	并	237 438	125 014
32	就	236 235	107 030
33	及	230 578	90 527
34	美国	229 207	55 635
35	大	222 722	100 451
36	我	209 924	57 903
37	但	208 058	105 886
38	时	207 521	111 072
39	新	206 956	96 242
40	要	203 619	90 822
41	多	200 223	104 527
42	没有	200 159	99 882
43	我们	195 298	68 759
44	他们	194 465	84 471

频序	词语	频次	文本数
45	问题	187 005	76 456
46	台湾	181 616	31 549
47	两	181 481	86 838
48	政府	178 691	65 570
49	已	170 578	91 601
50	万	167 855	62 193
51	一个	167 796	80 646
52	还	166 429	97 299
53	更	162 637	83 540
54	国家	156 521	65 510
55	来	154 245	86 130
56	从	152 162	86 098
57	向	149 653	84 647
58	经济	139 634	45 762
59	等	138 440	80 230
60	前	138 098	82 790
61	下	136 342	82 590
62	国	136 037	44 298
63	已经	135 908	80 036
64	让	135 112	74 246
65	于	135 082	81 282
66	所	132 019	74 246
67	能	131 828	73 358
68	她	131 745	35 011
69	报道	131 072	84 713
70	进行	130 580	76 107
71	最	129 702	72 811
72	亿	128 540	37 925

频序	词语	频次	文本数
73	因为	123 200	76 448
74	讯	121 536	114 392
75	目前	121 524	79 022
76	可能	119 359	66 177
77	发展	119 231	48 709
78	至	118 330	57 400
79	指出	118 324	71 193
80	新闻	116 051	89 252
81	日本	113 710	26 853
82	该	113 529	58 977
83	党	111 696	28 173
84	认为	110 829	61 856
85	可以	110 563	61 899
86	关系	110 360	35 973
87	很	110 199	61 842
88	次	109 810	63 636
89	新加坡	108 547	42 545
90	公司	105 748	38 166
91	或	103 271	58 146
92	出	100 994	63 291
93	把	100 776	59 591
94	马	100 250	29 694
95	其	99 706	54 088
96	由	98 941	64 304
97	之	98 367	48 824
98	美	96 797	32 189
99	比	95 788	43 777
100	如果	95 646	57 852
101	则	95 603	64 507
102	工作	95 356	50 354
103	给	94 653	60 951
104	以及	94 070	60 571
105	不过	93 495	64 695
106	地	93 280	52 076
107	人民	93 082	35 122
108	今年	92 686	53 330
109	希望	92 452	59 445
110	包括	91 697	66 037
111	主席	91 453	42 866
112	国际	90 488	45 134
113	自己	89 799	46 387
114	这个	89 379	54 417
115	警方	87 951	26 910
116	政治	87 394	33 308
117	美元	86 697	26 545
118	总统	86 656	31 440
119	内	86 475	54 699
120	再	86 120	54 027
121	高	86 089	49 446
122	记者	86 007	49 305
123	因此	85 559	57 671
124	计划	85 045	37 333
125	有关	85 010	50 018
126	却	84 968	53 524
127	发生	84 007	47 209
128	第	83 336	37 347

频序	词语	频次	文本数
129	拉	82 160	31 982
130	令	81 502	37 596
131	铢	79 645	15 228
132	必须	78 885	47 263
133	副	78 823	44 756
134	市场	77 268	31 711
135	好	76 921	48 766
136	岁	76 703	40 435
137	调查	76 698	34 528
138	才	75 765	51 251
139	可	74 890	45 574
140	起	74 589	49 018
141	媒体	74 508	38 623
142	这些	74 298	46 931
143	只	74 107	46 950
144	支持	74 090	37 841
145	据	73 332	53 485
146	三	72 305	42 055
147	阿	72 112	22 851
148	要求	72 098	44 034
149	投资	71 728	23 472
150	社会	71 599	32 141
151	得	71 257	45 117
152	过	71 255	46 456
153	州	70 371	21 369
154	活动	70 345	37 857
155	位	69 701	40 815
156	成为	69 340	44 448
157	影响	69 220	42 812
158	日	69 021	25 467
159	开始	68 978	48 885
160	一些	68 873	44 679
161	香港	68 693	24 031
162	通过	68 406	44 068
163	达	68 312	41 969
164	世界	68 231	34 098
165	同时	67 741	50 679
166	事件	67 728	33 992
167	方面	67 692	43 736
168	举行	67 542	43 298
169	又	67 470	42 308
170	小	67 103	30 365
171	回	66 673	29 884
172	获得	66 355	43 033
173	但是	66 217	41 537
174	吉	66 043	22 770
175	着	65 671	38 765
176	由于	64 718	48 697
177	时间	64 228	44 504
178	决定	63 963	40 268
179	应该	63 730	38 753
180	情况	63 618	43 291
181	其中	63 326	48 899
182	做	63 314	39 605
183	继续	63 308	43 731
184	行动	62 621	34 142

频序	词语	频次	文本数
185	消息	62 382	48 007
186	今天	62 086	42 118
187	伊拉克	62 061	17 573
188	政策	61 583	26 894
189	出现	61 384	40 490
190	议员	60 987	21 814
191	管理	60 670	43 591
192	去年	60 273	37 272
193	你	60 110	23 466
194	拿督	60 729	26 000
195	元	59 933	22 868
196	大陆	59 476	13 496
197	接受	59 459	41 204
198	首相	59 242	22 262
199	合作	58 531	28 414
200	约	58 288	36 363
201	朝鲜	58 197	12 683
202	曾	57 806	39 153
203	现在	57 735	38 310
204	北京	57 328	25 226
205	需要	57 195	38 521
206	受	56 934	39 887
207	台	56 845	25 186
208	昨天	56 831	34 715
209	系统	56 790	41 472
210	泰国	56 749	22 160
211	报	56 687	35 221
212	联合	56 232	36 656

频序	词语	频次	文本数
213	因	56 036	39 874
214	主要	55 918	40 617
215	宣布	55 870	36 131
216	打	55 858	30 571
217	其他	55 547	40 914
218	人员	55 541	31 527
219	去	55 510	33 923
220	首	55 400	35 911
221	就是	55 269	36 093
222	华	54 739	14 552
223	虽然	54 660	42 634
224	任何	54 594	37 685
225	第一	54 459	36 733
226	透露	54 455	41 676
227	月	54 320	36 776
228	提供	54 044	34 725
229	陈水扁	53 701	10 126
230	发现	53 502	33 121
231	选举	53 345	17 968
232	总	53 129	27 124
233	代表	53 119	29 748
234	安全	52 797	27 174
235	是否	52 678	35 676
236	人士	52 471	32 136
237	组织	52 157	27 078
238	官员	52 154	28 614
239	仍	51 947	36 832
240	当	51 895	34 521

频序	词语	频次	文本数
241	增加	51 736	31 446
242	大选	51 691	19 168
243	为了	51 435	38 233
244	会议	51 007	26 196
245	提出	50 812	32 394
246	应	50 662	30 537
247	能够	50 643	33 299
248	项	50 610	33 870
249	解决	50 543	28 265
250	此	50 444	36 546
251	学生	50 426	13 742
252	发表	50 187	37 204
253	两岸	50 105	14 316
254	看	50 071	29 974
255	企业	49 808	17 418
256	民众	49 786	24 443
257	它	49 723	27 855
258	马来西亚	49 700	19 817
259	部长	49 298	26 878
260	里	49 173	32 176
261	用	49 143	32 211
262	较	48 619	34 712
263	称	48 584	30 538
264	增长	48 298	17 767
265	重要	48 131	33 233
266	非常	48 022	34 633
267	所有	48 018	35 082
268	我国	47 922	20 324

频序	词语	频次	文本数
269	服务	47 820	23 514
270	价格	47 618	18 684
271	阵	47 433	12 149
272	所以	47 401	32 441
273	今日	47 206	30 594
274	各	47 189	31 870
275	指数	47 184	9 985
276	根据	47 135	36 437
277	反	47 085	20 640
278	家	46 858	25 596
279	这样	46 746	31 304
280	使	46 659	31 426
281	无法	46 587	33 077
282	场	46 585	27 176
283	想	46 401	29 220
284	总理	46 350	18 879
285	成	46 205	29 773
286	者	46 112	27 620
287	特别	45 684	30 662
288	网站	45 650	38 081
289	事	45 369	32 815
290	国会	44 877	18 708
291	电	44 796	38 039
292	自	44 411	33 348
293	还是	44 382	31 639
294	全球	44 256	23 208
295	民主	44 227	15 245
296	布什	44 154	10 093

频序	词语	频次	文本数
297	早	44 065	32 688
298	未	44 012	31 526
299	报告	44 003	20 965
300	教	43 995	12 669
301	导致	43 973	32 215
302	银行	43 449	14 375
303	指	43 413	29 786
304	票	43 388	10 675
305	那	43 313	27 542
306	之后	43 262	32 391
307	造成	43 228	30 857
308	选	43 081	18 294
309	如	43 066	31 489
310	相信	43 057	31 887
311	综合	42 961	38 919
312	机构	42 490	22 989
313	全国	42 326	25 349
314	另	42 311	33 763
315	显示	41 963	30 872
316	份	41 891	28 220
317	地区	41 881	25 194
318	面对	41 793	28 603
319	大马	41 603	16 896
320	股	41 561	14 185
321	准备	41 489	30 231
322	国内	41 127	24 541
323	受到	41 012	31 869
324	没	40 700	27 541

频序	词语	频次	文本数
325	而且	40 530	30 897
326	走	40 524	26 941
327	结果	40 471	28 122
328	论坛	40 371	11 725
329	本报	40 174	37 396
330	出席	40 056	27 058
331	超过	39 902	29 452
332	对于	39 886	29 019
333	作为	39 116	28 588
334	独立	38 965	19 317
335	最后	38 806	28 193
336	案	38 804	16 283
337	什么	38 586	23 196
338	知道	38 416	27 995
339	未来	38 304	25 856
340	领袖	38 221	19 370
341	同	38 205	25 607
342	针对	37 857	27 702
343	了解	37 809	28 202
344	来自	37 767	28 555
345	委员会	37 738	17 653
346	巴	37 569	20 399
347	每	37 564	22 461
348	们	37 563	23 348
349	相关	37 454	28 483
350	韩国	37 359	13 506
351	早报网	37 289	22 020
352	第二	37 180	26 164

频序	词语	频次	文本数
353	印尼	37 124	12 223
354	除了	37 115	31 045
355	当局	37 044	23 198
356	选民	36 962	10 309
357	正	36 942	28 899
358	过去	36 871	27 973
359	历史	36 821	17 809
360	即	36 641	26 592
361	使用	36 607	22 622
362	种	36 465	22 111
363	强调	36 319	27 144
364	采取	36 285	25 513
365	参与	36 238	24 375
366	此外	36 155	30 726
367	建议	36 137	21 688
368	当地	36 096	23 915
369	这种	36 013	23 511
370	外	35 864	28 146
371	金融	35 830	15 195
372	展开	35 734	26 345
373	吉隆坡	35 574	28 333
374	作出	35 544	24 998
375	措施	35 534	21 453
376	严重	35 321	25 126
377	之前	35 314	29 305
378	许多	35 277	25 788
379	不会	35 164	26 702
380	研究	35 122	18 718

频序	词语	频次	文本数
381	当时	35 067	24 054
382	另外	35 060	29 863
383	太	35 028	24 561
384	候选人	34 999	12 074
385	股市	34 928	9 910
386	机会	34 762	24 898
387	拥有	34 726	24 476
388	只是	34 645	26 548
389	进入	34 474	24 277
390	无	34 460	23 730
391	连	34 431	19 413
392	这次	34 310	24 591
393	参加	34 265	22 647
394	成功	34 149	23 350
395	只有	34 008	26 725
396	和平	33 949	14 678
397	目标	33 655	22 012
398	访问	33 640	20 519
399	甚至	33 610	25 597
400	战	33 472	14 398
401	英	33 448	11 702
402	亚洲	33 384	16 017
403	四	33 318	21 091
404	英国	33 252	14 923
405	一直	33 218	26 004
406	比赛	33 168	12 934
407	正在	33 133	26 379
408	处理	33 092	23 110

频序	词语	频次	文本数
409	贸易	32 916	12 762
410	很多	32 823	23 693
411	之间	32 802	23 633
412	局势	32 735	15 833
413	教育	32 493	14 299
414	利益	32 444	16 732
415	间	32 293	22 077
416	地方	32 258	20 562
417	遭	32 189	20 425
418	这项	32 026	21 913
419	传媒	32 013	27 227
420	市	31 831	15 816
421	提高	31 759	20 671
422	如何	31 726	21 154
423	方式	31 685	22 342
424	公	31 684	13 219
425	取得	31 674	22 498
426	生活	31 614	19 094
427	投	31 526	13 696
428	双方	31 488	18 485
429	非	31 381	17 602
430	上述	31 246	22 900
431	达到	31 245	22 470
432	文化	31 169	13 014
433	协助	31 040	21 691
434	年	31 034	18 394
435	还有	31 025	25 305
436	不能	31 018	22 623

频序	词语	频次	文本数
437	前往	30 933	21 915
438	加强	30 923	20 383
439	民	30 822	13 165
440	几	30 718	23 737
441	成立	30 709	19 168
442	国民党	30 700	7 785
443	居民	30 658	12 806
444	分钟	30 400	13 218
445	时候	30 383	21 977
446	长	30 202	21 910
447	中心	30 076	16 232
448	联	29 878	9 788
449	女	29 788	15 064
450	仙	29 769	6 456
451	开	29 762	20 648
452	战争	29 686	10 465
453	期间	29 642	22 231
454	能力	29 531	19 546
455	明年	29 258	16 776
456	区	29 257	15 935
457	本	29 204	20 355
458	届	29 181	17 600
459	若	28 957	19 525
460	作	28 889	22 686
461	获	28 759	19 432
462	近	28 685	22 305
463	号	28 665	13 618
464	自由	28 663	13 380

频序	词语	频次	文本数
465	不同	28 651	20 299
466	完成	28 612	20 441
467	产品	28 608	13 212
468	占	28 558	17 030
469	感到	28 485	21 928
470	会谈	28 402	9 971
471	以来	28 400	22 722
472	人数	28 228	14 092
473	表现	28 091	19 281
474	成员	28 066	17 673
475	区域	28 061	11 253
476	组	28 028	13 966
477	点	27 932	16 144
478	共	27 900	20 788
479	公布	27 885	19 912
480	法律	27 870	15 755
481	竞选	27 869	10 935
482	伊朗	27 761	4 582
483	改革	27 661	11 161
484	结束	27 567	21 310
485	申请	27 511	13 285
486	原因	27 479	20 894
487	局	27 476	14 008
488	反对	27 462	15 927
489	联合国	27 414	9 659
490	讨论	27 350	18 591
491	工程	27 219	10 891
492	减少	27 201	17 871

频序	词语	频次	文本数
493	印度	27 185	10 058
494	正式	27 030	20 574
495	部	27 028	16 900
496	投票	27 015	13 654
497	选择	27 003	18 610
498	分别	26 940	22 134
499	带来	26 894	20 780
500	考虑	26 858	19 871
501	努力	26 829	20 370
502	部门	26 808	16 365
503	进一步	26 691	21 171
504	得到	26 638	20 763
505	提	26 571	16 198
506	学校	26 570	9 892
507	军事	26 464	10 915
508	死亡	26 397	14 495
509	下午	26 394	19 874
510	公开	26 329	17 901
511	大家	26 248	17 932
512	导	26 228	19 650
513	最近	26 216	21 779
514	九	26 142	9 177
515	像	26 077	18 954
516	小时	26 063	18 511
517	二	26 053	17 157
518	负责	26 035	19 681
519	关注	25 928	19 734
520	仅	25 918	20 429

频序	词语	频次	文本数
521	马新社	25 913	22 517
522	车	25 724	11 448
523	环境	25 696	15 675
524	吗	25 679	14 909
525	其它	25 676	13 154
526	医院	25 616	12 546
527	现场	25 579	16 243
528	入	25 458	16 003
529	低	25 396	16 938
530	不要	25 368	18 175
531	个人	25 365	17 524
532	改变	25 356	17 126
533	法	25 294	13 221
534	死	25 193	14 735
535	收入	25 174	12 073
536	恐怖	25 155	9 238
537	尽管	25 088	20 756
538	最高	25 082	16 982
539	泰	25 078	11 440
540	至于	25 035	20 900
541	政党	25 018	11 530
542	稳定	24 983	16 811
543	看到	24 961	18 949
544	项目	24 892	12 269
545	言论	24 858	15 509
546	行政	24 696	13 619
547	呼吁	24 679	17 860
548	信	24 665	9 598
549	行为	24 659	15 628
550	本地	24 632	14 606
551	部分	24 631	18 819
552	带	24 571	18 303
553	一定	24 523	18 659
554	比较	24 437	17 430
555	美军	24 435	6 571
556	出口	24 420	9 468
557	五	24 419	15 736
558	不断	24 387	18 790
559	张	24 251	12 769
560	共同	24 219	16 231
561	人民币	24 189	7 113
562	声明	24 187	13 679
563	读者	24 184	15 134
564	经过	24 116	20 435
565	完全	24 065	18 889
566	今	23 948	15 702
567	持续	23 867	17 842
568	危机	23 852	12 690
569	保持	23 833	18 071
570	辆	23 790	11 681
571	专家	23 760	13 555
572	加	23 755	13 883
573	课题	23 697	12 966
574	确保	23 669	17 589
575	汽车	23 617	9 537
576	推动	23 516	16 129

频序	词语	频次	文本数
577	上海	23 499	8 534
578	旅游	23 275	9 378
579	条	23 230	14 394
580	槟	23 152	7 281
581	直接	23 125	17 237
582	集团	23 073	10 335
583	处	23 024	15 137
584	资金	22 993	12 019
585	制度	22 972	10 765
586	技术	22 967	11 896
587	扁	22 925	4 762
588	港	22 892	13 561
589	球	22 869	8 799
590	发言人	22 818	16 909
591	六	22 727	12 079
592	建立	22 665	14 830
593	男子	22 593	10 385
594	这么	22 562	18 497
595	重新	22 533	15 934
596	单位	22 455	13 576
597	协议	22 440	11 070
598	公众	22 430	13 454
599	涉及	22 416	15 762
600	主任	22 372	15 883
601	加入	22 353	15 414
602	积极	22 317	16 905
603	其实	22 301	16 991
604	公正	22 281	9 243

频序	词语	频次	文本数
605	俄罗斯	22 213	7 931
606	一起	22 205	17 875
607	最终	22 168	17 547
608	亚	22 146	10 811
609	威胁	22 118	13 909
610	统一	22 112	6 999
611	生产	22 090	11 607
612	跟	22 083	15 156
613	巫统	22 061	6 357
614	医生	22 034	10 229
615	引起	22 014	17 941
616	担心	22 012	17 117
617	冲突	21 981	14 671
618	昨日	21 960	15 088
619	召开	21 944	16 284
620	承认	21 909	14 788
621	台独	21 893	4 731
622	交通	21 864	10 856
623	交易	21 855	11 290
624	内阁	21 851	10 130
625	送	21 789	15 406
626	袭击	21 764	9 518
627	规定	21 747	13 702
628	至少	21 746	17 231
629	城市	21 744	11 235
630	那么	21 728	15 468
631	全	21 687	16 767
632	重	21 624	15 454

频序	词语	频次	文本数	频序	词语	频次	文本数
633	米	21 617	9 435	661	压力	20 696	14 370
634	石油	21 617	7 431	662	领域	20 669	12 257
635	万令吉	21 526	10 198	663	外国	20 651	12 292
636	谁	21 515	12 608	664	提升	20 628	13 730
637	尤其	21 484	17 944	665	网	20 581	13 576
638	法令	21 450	7 861	666	变	20 577	14 426
639	调	21 439	10 443	667	家庭	20 576	11 306
640	控制	21 437	14 716	668	给予	20 528	15 489
641	利用	21 319	15 767	669	台北	20 405	13 460
642	禽流感	21 314	4 125	670	律师	20 402	8 626
643	存在	21 310	15 234	671	第三	20 394	14 330
644	领导	21 254	13 643	672	过程	20 379	15 450
645	先	21 240	16 499	673	信心	20 342	13 985
646	便	21 216	15 556	674	谈判	20 336	9 142
647	爱	21 214	10 614	675	进	20 327	15 220
648	日前	21 174	18 509	676	担任	20 264	14 049
649	警察	21 160	10 918	677	有人	20 245	15 323
650	预计	21 150	15 464	678	人们	20 233	13 940
651	水平	21 118	13 564	679	强	20 232	12 800
652	外交	21 101	9 427	680	钱	20 174	11 432
653	这里	21 014	16 543	681	台海	20 158	9 815
654	同意	21 013	14 695	682	安华	20 065	3 470
655	一样	21 009	16 858	683	执行	20 033	14 526
656	开放	20 863	11 814	684	保护	20 013	12 289
657	仍然	20 836	16 753	685	领导人	19 993	12 363
658	数	20 805	13 978	686	发出	19 983	14 985
659	告诉	20 792	15 895	687	战略	19 965	7 606
660	建设	20 733	10 486	688	运动	19 942	10 094

频序	词语	频次	文本数
689	分子	19 932	9 406
690	站	19 871	12 686
691	真	19 868	13 878
692	水	19 831	9 472
693	核	19 823	6 572
694	案件	19 795	10 950
695	证实	19 768	14 907
696	大学	19 694	7 942
697	拒绝	19 680	14 296
698	上涨	19 672	9 897
699	随着	19 667	16 493
700	民进	19 623	6 329
701	上午	19 587	15 477
702	州政府	19 536	5 968
703	派	19 534	12 674
704	难	19 533	14 290
705	团	19 445	9 245
706	驻	19 438	11 921
707	内容	19 435	13 571
708	挑战	19 405	12 862
709	月份	19 385	10 043
710	价值	19 332	12 533
711	因素	19 330	13 546
712	全面	19 326	13 894
713	行动党	19 268	5 819
714	越	19 196	8 904
715	中央	19 192	10 790
716	朋友	19 181	14 090

频序	词语	频次	文本数
717	精神	19 180	12 560
718	大会	19 162	9 998
719	之一	19 158	16 318
720	轮	19 152	10 832
721	死者	19 141	5 692
722	公共	19 129	10 807
723	再次	19 032	15 350
724	事情	18 981	14 328
725	少	18 915	14 607
726	能源	18 912	8 606
727	做出	18 905	14 438
728	意见	18 902	13 281
729	槟城	18 897	9 907
730	孩子	18 853	8 329
731	恢复	18 827	12 659
732	那些	18 767	14 031
733	实现	18 741	12 212
734	问	18 729	12 326
735	警	18 698	8 280
736	方	18 661	8 493
737	只要	18 660	14 965
738	逮捕	18 604	9 889
739	工业	18 603	10 725
740	不少	18 565	15 221
741	维持	18 538	13 830
742	任	18 530	12 492
743	成本	18 527	10 166
744	金	18 522	8 923

频序	词语	频次	文本数
745	千	18 517	10 931
746	法庭	18 466	8 616
747	专辑	18 323	4 589
748	立场	18 301	12 143
749	觉得	18 287	13 462
750	以上	18 275	14 015
751	调整	18 275	11 084
752	宪法	18 178	7 316
753	如此	18 144	14 083
754	卡	18 057	8 182
755	攻击	18 045	9 652
756	举办	18 020	12 894
757	态度	18 015	13 205
758	另一方面	17 982	16 384
759	曾经	17 950	14 512
760	加上	17 941	15 734
761	接	17 926	14 728
762	来说	17 884	14 254
763	议席	17 880	5 997
764	争取	17 865	12 391
765	分	17 860	13 551
766	可是	17 858	11 726
767	统	17 855	6 000
768	商业	17 806	11 039
769	谈	17 797	10 802
770	需	17 779	13 992
771	力量	17 707	10 686
772	住	17 696	12 158

频序	词语	频次	文本数
773	基金	17 687	6 966
774	安排	17 673	13 087
775	推出	17 672	11 749
776	欧洲	17 672	9 770
777	季	17 665	7 309
778	本月	17 655	14 287
779	资料	17 648	11 647
780	实施	17 647	12 114
781	年前	17 600	14 142
782	并且	17 570	14 764
783	油价	17 567	6 612
784	贷款	17 557	6 527
785	经	17 548	13 838
786	性	17 530	10 848
787	朝	17 524	7 120
788	改善	17 516	12 355
789	帮助	17 508	13 353
790	发	17 495	12 441
791	然而	17 494	13 185
792	避免	17 476	14 354
793	需求	17 460	11 393
794	科技	17 416	9 600
795	计	17 409	10 147
796	披露	17 391	13 065
797	投资者	17 361	8 909
798	出来	17 349	13 601
799	购买	17 315	11 018
800	买	17 311	10 270

频序	词语	频次	文本数
801	每年	17 310	12 769
802	以色列	17 289	3 796
803	扩大	17 273	12 379
804	当中	17 234	14 402
805	权力	17 211	9 628
806	制造	17 208	11 597
807	财政	17 207	8 890
808	拿	17 188	12 844
809	受伤	17 186	11 190
810	曼谷	17 130	9 601
811	地震	17 124	4 106
812	竞争	17 113	10 957
813	伊	17 080	6 878
814	而是	17 074	14 041
815	跌	17 050	8 457
816	坚持	17 048	12 201
817	大约	17 045	13 797
818	整个	17 042	13 947
819	承诺	17 039	11 638
820	附近	17 034	12 998
821	资源	17 015	10 491
822	游客	17 011	6 223
823	各种	16 994	13 537
824	武器	16 992	7 646
825	电影	16 982	6 816
826	本身	16 970	12 617
827	预测	16 967	10 464
828	赛	16 938	7 961

频序	词语	频次	文本数
829	批准	16 910	11 311
830	的话	16 894	13 551
831	吸引	16 854	12 311
832	方案	16 809	9 252
833	同样	16 780	14 208
834	基础	16 777	11 942
835	纳	16 752	7 901
836	沙	16 746	8 402
837	主持	16 711	13 485
838	妇女	16 693	6 835
839	欢迎	16 691	12 236
840	宗	16 688	7 788
841	导弹	16 668	4 248
842	会长	16 636	7 476
843	责任	16 624	11 349
844	肯定	16 622	13 397
845	原	16 591	10 699
846	万元	16 557	7 752
847	解释	16 514	12 054
848	仪式	16 478	10 904
849	检查	16 476	10 281
850	往	16 408	13 298
851	健康	16 406	10 316
852	一切	16 404	13 053
853	回应	16 380	12 164
854	分析	16 307	11 640
855	爆炸	16 298	5 835
856	航空	16 295	4 985

频序	词语	频次	文本数	频序	词语	频次	文本数
857	电视	16 281	9 358	885	华人	15 835	6 883
858	相当	16 276	13 553	886	段	15 810	12 422
859	电话	16 249	10 125	887	促进	15 806	10 963
860	见	16 236	12 009	888	土地	15 792	6 635
861	上升	16 214	10 887	889	当然	15 781	12 082
862	行	16 207	10 930	890	估计	15 774	12 605
863	不满	16 188	11 953	891	贪污	15 709	6 090
864	阶段	16 167	11 016	892	地位	15 672	10 383
865	权	16 154	9 982	893	签署	15 670	9 219
866	条件	16 136	11 321	894	以便	15 669	12 816
867	标准	16 130	10 533	895	成绩	15 661	9 229
868	法国	16 090	7 458	896	一旦	15 658	12 729
869	道	16 075	11 312	897	府	15 648	7 814
870	均	16 072	12 924	898	周	15 625	11 670
871	产生	16 050	12 340	899	升	15 592	9 259
872	公里	16 038	9 802	900	涨	15 581	7 741
873	画	16 020	8 499	901	控	15 565	7 830
874	宣传	16 003	10 629	902	呢	15 561	9 811
875	设立	15 975	10 983	903	此次	15 557	11 429
876	愿意	15 972	12 526	904	非法	15 555	7 264
877	请	15 970	11 541	905	真正	15 517	11 831
878	批	15 963	10 399	906	亦	15 494	10 730
879	或者	15 957	11 614	907	吨	15 479	5 777
880	援助	15 910	8 137	908	说明	15 471	12 033
881	萨达姆	15 908	2 756	909	引发	15 460	12 175
882	座	15 893	10 069	910	有效	15 460	11 964
883	代	15 858	9 208	911	面临	15 440	11 475
884	基本	15 855	11 373	912	目的	15 431	12 641

频序	词语	频次	文本数
913	胡锦涛	15 414	4 805
914	路	15 401	10 466
915	奥运	15 389	4 993
916	执政	15 362	9 171
917	件	15 351	11 188
918	亲	15 345	7 314
919	设施	15 323	9 482
920	欧盟	15 321	5 038
921	地点	15 300	11 547
922	反对党	15 299	6 716
923	节目	15 289	7 130
924	具有	15 268	11 806
925	至今	15 249	13 004
926	员工	15 249	6 823
927	批评	15 248	10 202
928	手	15 217	10 628
929	吃	15 207	8 718
930	网络	15 206	7 411
931	警告	15 192	10 359
932	官方	15 191	11 038
933	冠军	15 153	7 215
934	示威	15 148	5 932
935	岛	15 145	7 258
936	股票	15 129	6 179
937	收	15 110	9 623
938	当天	15 094	11 980
939	飞机	15 069	6 416
940	打击	15 065	10 430

频序	词语	频次	文本数
941	消费	15 045	7 785
942	缅甸	15 043	3 493
943	呈	14 977	10 116
944	否认	14 963	10 637
945	安	14 882	6 600
946	经验	14 878	11 010
947	抗议	14 871	8 290
948	良好	14 855	12 104
949	访	14 840	6 734
950	然后	14 826	12 423
951	会上	14 807	12 211
952	不仅	14 791	11 824
953	人口	14 747	7 556
954	确定	14 744	12 066
955	愿	14 732	11 620
956	传统	14 724	9 382
957	离开	14 719	11 036
958	机场	14 698	6 424
959	秘书长	14 679	10 051
960	星期	14 677	11 901
961	原则	14 662	9 522
962	南	14 619	7 641
963	国民	14 602	8 277
964	生	14 598	8 862
965	欧	14 591	7 013
966	老	14 591	8 969
967	类	14 586	8 707
968	兼	14 568	11 888

频序	词语	频次	文本数
969	蓝	14 564	5 757
970	星	14 562	8 001
971	海外	14 558	8 417
972	更加	14 556	11 679
973	共有	14 539	12 330
974	即使	14 535	11 864
975	数据	14 535	9 598
976	损失	14 489	9 585
977	在线	14 486	9 478
978	业务	14 475	7323
979	最新	14 473	12 277
980	根本	14 451	11 050
981	起来	14 444	11 523
982	德国	14 432	7 086
983	取消	14 419	8 810
984	供	14 416	8 648

频序	词语	频次	文本数
985	快	14 403	10 713
986	支	14 398	8 868
987	澳洲	14 381	6 972
988	热	14 372	6 991
989	清楚	14 355	11 996
990	证明	14 345	11 282
991	党员	14 344	6 053
992	法院	14 324	7 287
993	必要	14 322	11 950
994	经营	14 306	8 927
995	开发	14 303	7 814
996	人物	14 291	9 456
997	学习	14 290	7 980
998	汇率	14 273	4 605
999	率	14 258	9 074
1 000	一般	14 229	11 902

参考文献

1. ［美］Biber 等．语料库语言学［M］．北京：外语教学与研究出版社，2000.

2. 白祖偕．海外华文传媒的问题及发展研究［D］．中南大学硕士学位论文，2007.

3. 程曼丽．关于海外华文传媒的战略性思考［J］．国际新闻界，2001（3）.

4. 程曼丽．海外华文传媒研究［M］．北京：新华出版社，2001.

5. 郭熙，祝晓宏．海外华语传播与《中国语言生活状况报告》［J］．语言文字应用，2007（1）.

6. 郭熙．华文教学概论［M］．北京：商务印书馆，2007.

7. 郭熙．论"华语"．暨南大学华文学院学报［J］．2004（2）.

8. 郭熙．论华语视角下的中国语言规划［J］．语文研究，2006（1）.

9. 郭熙．论华语研究［J］．语言文字应用，2006（2）.

10. 郭熙．普通话词汇和新马华语词汇的协调与规范问题：兼论域内外汉语词汇协调的原则与方法［J］．南京社会科学，2002（12）.

11. 郭熙．域内外汉语协调问题刍议［J］．语言文字应用，2002（3）.

12. 郭熙．中国社会语言学（增订本）［M］．杭州：浙江大学出版社，2004.

13. 郭招金．全球化浪潮中的海外华文媒体［J］．对外大传播，2005（3）.

14. 国家语言资源监测与研究中心．中国语言生活状况报告2007（下编）［M］．北京：商务印书馆，2008.

15. 国家语言资源监测与研究中心．中国语言生活状况报告2008（下编）［M］．北京：商务印书馆，2009.

16. 国家语言资源监测与研究中心．中国语言生活状况报告2009（下编）［M］．北京：商务印书馆，2010.

17. 教育部语言文字信息管理司．中国语言生活状况报告2011［M］．北京：商务印书馆，2011.

18. 贾益民，许迎春．新加坡华语特有词语补例及其与普通话词语差异分析［J］．暨南大学华文学院学报，2005（4）.

19. 李如龙．东南亚华人语言研究［M］．北京：北京语言文化大学出版社，2000.

20. 李如龙．台湾及东南亚华文与华语研究［M］．香港：香港霭明出版社，2004.

21. 林万菁．新加坡华文词汇规范的趋势：与过去相比［J］．语文建设通讯（香港），2001（68）.

22. 刘华．词语计算与应用［M］．广州：暨南大学出版社，2010.

23. 刘华．东南亚主要华文媒体用字情况调查［J］．华文教学与研究，2010（1）.

24. 刘华．华文语料非通用汉字使用情况调查［J］．华文教学与研究，2011（1）.

25. 刘文辉，宗世海．印尼华语区域词语初探［J］．暨南大学华文学院学报，2006（1）.

26. 陆俭明，张楚浩，钱萍．新加坡华语语法的特点［J］．南大语言文化学报（创刊号），1996，1（1）.

27. 陆俭明．关于建立"大华语"概念的建议［J］．汉语教学学刊，2005（1）.

28. 谭健．语料库及语料库语言学的发展与应用［J］．西北工业大学学报（社会科学版），2005（3）.

29. 汤志祥．论华语区域特有词语［J］．语言文字应用，2005（2）.

30. 田惠刚．海外华语与现代汉语的异同［J］．湖北大学学报（哲学社会科学版），1994（4）.

31. 肖洒．海外华文媒体中国报道研究［D］．上海外国语大学硕士学位论文，2007.

32. 谢世涯．新加坡汉字规范的回顾与前瞻［A］．陈照明．二十一世纪的挑战——新加坡华语文的现状和未来［C］．新加坡：联邦出版社，2000.

33. 邢福义．新加坡华语使用中源方言的潜性影响［J］．方言，2005（2）.

34. 徐大明，王晓梅．全球华语社区说略［J］，吉林大学社会科学学报，2009（2）.

35. 徐杰，王惠．现代华语概论［M］．新加坡：八方文化创作室出版，2004.

36. 叶蜚声，徐通锵．语言学纲要［M］．北京：北京大学出版社，1997.

37. 曾晓舸．论泰华语书面语的变异［J］．云南师范大学学报，2004（4）.

38. 张从兴．华人、华语的定义问题［J］．语文建设通讯（香港），2003

（74）.

39. 张弦 . 海外华语媒体对我国对外传播的作用［J］. 东南传播，2007（1）.

40. 周烈婷 . 从几个例子看新加坡华语和普通话的词义差别［J］. 语言文字应用，1999（1）.

41. 周清海，萧国政 . 新加坡华语词的词形、词义和词用选择［J］. 中国语文，1999（4）.

42. 周清海 . 新加坡华语变异概说［J］. 中国语文，2002（6）.